소쇄원

원형을 찾아서

소쇄원

원형을 찾아서

인쇄 2021년 4월 7일
발행 2021년 4월 12일

저자 김진성
발행인 정성택
발행처 전남대학교출판문화원

등록 1981. 5. 21. 제53호
주소 61186 광주광역시 북구 용봉로 77
전화 (062) 530-0571~2 **마케팅** 530-0573
팩스 (062) 530-0579
홈페이지 http://www.cnup.co.kr
이메일 cnup0571@hanmail.net

값 12,000원

ISBN 978-89-6849-810-7 (93540)

소쇄원

원형을 찾아서

김진성 저

전남대학교출판문화원

일러두기

1. [소쇄원사십팔영(瀟灑園四十八詠)]의 원문은 [하서전집(河西全集)]의 '하서선생전집권지오(河西先生全集券之五)'*에 실린 것으로 하였다.
2. [소쇄원48영]의 번역은 글자의 본의에 충실하고자 하였다. 원전에 다가가 소쇄원을 살필 수 있도록 하고자 함이다. 보다 쉽게 이해하고, 풀이할 수 있도록 원전의 한자를 상세히 해석하고 직역하였다. 한자의 풀이에 있어 최초로 등장하는 한자에 대해서 음과 뜻을 밝혔다. 한자는 한한대자전(漢韓大字典, 2011)** 등에 근거하였다. 아울러 본서 한문번역에는 현재(弦齋) 김영웅(金永雄, 1947~) 선생님과 목인(木仁) 박상택(朴相澤, 1961~) 선생님의 가르침을 받았음을 밝히며, 감사드린다.
3. 각 영에서 인용하고 있는 고사의 내용을 소상히 밝혀 소쇄원에 함축된 의미를 고찰하고자 하였다. 고사 및 원전의 많은 부분은 한국고전종합DB 등***의 검색에 근거하고, 그 밖의 도서를 참고하였다.
4. 본서에 제시한 도와 사진은 [소쇄원48영] 각 영의 내용에 부합한 [소쇄원도]의 부분, 그리고 그에 부합한 현황사진을 함께 배열하여 초창기와 현재의 모습을 비교·분석 하고자 하였다.
5. 「 」은 [소쇄원도](1755)의 기록을 표현한 것이다.
6. 본서에 실은 사진은 낙엽이 진 뒤의 모습을 주로 활용하였다. 이는 울창한 수목에 의해 공간이 가려지지 않고 정원의 윤곽, 즉 평면 구성이 잘 드러난 모습으로 소쇄원의 구성을 고찰하기 위함이다.
7. 전통 조경의 복원과 정비·보호에 있어, 고문헌의 역할과 활용에 대하여 생각해 보고자 하였다. 전통조경의 복원, 정비에 유존하는 많은 고문헌이 잘 활용되기를 기대한다.

子曰 學而時習之不亦說乎 有朋自遠方來不亦樂乎 人不知而不慍不亦君子乎

- 『論語』 學而

---

* 김인후, 소쇄원사십팔영, 河西先生全集 卷之五 五言絶句, 한국고전번역원, 영인표점 한국문집총간, 1989 https://db.itkc.or.kr ; 필암서원(1993), 소쇄원48영, 국역하서전집 상, 하서전집 권오, 전남대학교출판부, 647~672쪽.

** 민중서림 편집국 편(2011), 漢韓大字典, 민중서림 ;
http://handic.daum.net/dicha/view_detail_idiom.do?q=288764 ;
http://kr.dictionary.search.yahoo.com/search/dictionaryp?p=%ED%95%9C%EA%B5%AD&subtype=hanja

*** https://db.itkc.or.kr/ 한국고전번역원 한국고전종합DB
http://db.cyberseodang.or.kr/ 동양고전 동양고전종합DB
http://db.history.go.kr/ 국사편찬위원회 한국사데이타베이스

목차

1. 개요

명승 제40호 '담양 소쇄원(潭陽 瀟灑園)'은 한국의 대표적인 별서 중의 하나로, 조선시대 양산보가 조영하였다. 이 역사적인 문화유산을 우리는 어떻게 유지하고 보호하여 후손에게 물려주어야 할까? 문화재보호의 기본 원칙은 원형유지이다.(문화재보호법 제3조) 소쇄원의 원형을 살펴보기 위하여 본서에서는 [소쇄원48영(瀟灑園四十八詠)](1548년)과 [소쇄원도(瀟灑園圖)](1755년)를 중심으로 소쇄원 창건기의 공간구성과 조영의의를 고찰하고자 하였다. 아울러 초창기의 소쇄원 관련 문헌과, 양산보와 소쇄원 자손들에 관계되는 문집인 [소쇄원사실(瀟灑園事實)][1] 등에서 창건기의 부분을 참고하였다.

별서 소쇄원의 가치를 올바르게 인식하고 원형을 유지하는데 도움이 되고자 한다.

1) 소쇄원(瀟灑園)

소쇄원은 전라남도 담양군 소쇄원길 17(남면 지곡리 123번지)에 위치한 별서로, 장원봉의 지맥이 형성하는 계곡에 자리하고 있는 양산보의 은거지(隱居地)이다.(그림 1) 무등산을 앞에, 장원봉(壯元峰, 해발 389m)

[1] 소쇄원사실은 가사문학관 소장본을 대본으로 하였다.

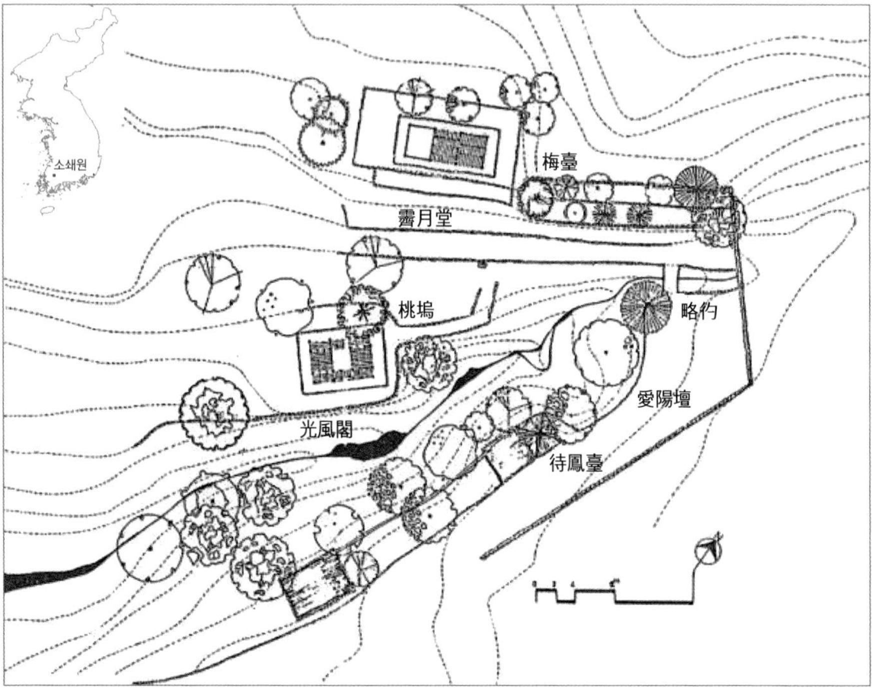

그림 1. 소쇄원 평면도[2]

[2] 정동오(1988), 전남의 조경문화, 전남대학교출판부, 66쪽. 당시의 현황도면에 위치도와 주요 명명만 더하였다. 변화를 살펴보기 위함이다.

을 뒤에 두고 있다.

소쇄공(瀟灑公) 양산보(梁山甫, 1503~1577)는 그의 스승인 정암(靜庵) 조광조(趙光祖, 1482~1519)가 중종14년(1519) 기묘사화(己卯士禍)로 전남 화순의 능주로 유배되어 사사(賜死)[3]되자 세상에의 뜻을 버리고 은거할 것을 결심하고 고향인 창암촌(蒼巖村)에 낙향하여 은거지로서 소쇄원을 조성하였다. 양산보의 자는 언진(彦鎭), 본관은 제주이며, 호는 '소쇄처사(瀟灑處士)', '소쇄옹(瀟灑翁)'이다. 부친 창암(蒼巖) 양사원(梁泗源) 때부터 이곳으로 옮겨 살았다. 행장에 의하면, '그해 겨울에 사화(士禍)가 일어나 정암이 먼저 화를 당하였고, 어진 이들이 모두 죽임을 당하였다. 이때 선생의 나이가 매우 어렸는데, 마침내 벼슬하려는 생각을 버렸다. 서석산 아래 원림(園林)과 수석(水石)이 뛰어난 곳에 집을 지어, 두문불출하고 한가로이 지냈다.'[4]라고 적고 있다. 소쇄공이 문헌을 많이 남기고 있지는 않다.

소쇄원은 낙향한 이후로 모든 관직에 나아가지 않고 은둔하며 많은 유학자들과 교유한 소쇄공이 외종형 면앙정 송순과 교우이자 사돈이 된 하서 김인후 등의 도움을 받으며, 그의 아들 고암 양자징 대에 완성한 것으로 전한다. [소쇄원도]에 의하면 제월당 오른쪽·서쪽, 담장 밖 아래에 '고암정사(鼓巖精舍)'와 '부훤당(負暄堂)'이 있다.(도 1)

면앙정(俛仰亭) 송순(宋純, 1493~1583)은 소쇄공의 외종형으로 담양군 봉산에서 출생하였으며, 1533년에 귀향하여 면앙정을 건립하고 소요하였고, 1534년에 '외종동생 양산보의 소쇄정에서' 라는 시를 남겼으

---

3 賜死(사사: 줄 사, 죽을 사. 극형(極刑)에 처할 죄인(罪人)을 대우(待遇)하는 뜻으로, 임금이 독약(毒藥)을 내려 자결(自決)하게 한 일).

4 이민서(李敏敍, 1633~1688), 소쇄원 양공 행장(瀟洒園梁公行狀), 서하집 제16권, 행장(行狀). ⓒ 전주대학교 한국고전학연구소·한국고전문화연구원, 유영봉 오항녕 이주형 (공역), 2018 ; 소쇄원사실 권지삼 오, 행장(行狀).

며, 1542년 전라감사 때에는 소쇄원의 증축을 도왔다. 그 밖에 소쇄원 관련 많은 시를 남기고 있다.

하서(河西) 김인후(金麟厚, 1510~1560)는 전남 장성에서 출생하여 1527년에 동복의 최산두(崔山斗)를 찾아 수업하며 소쇄원에 들르기 시작하고, 1528년에 시 '소쇄정 즉사'를 지었으며, 차녀를 고암 양자징에게 시집보내 소쇄공과 사돈 관계를 맺었다. 1548년에는 [소쇄원48영]을 지었다. 만년에 (순창)점암촌에 초당을 짓고 은거하였다.

고암(鼓巖) 양자징(梁子澂, 1523~1594)은 양산보의 차남으로 거창현감과 석성현감 등을 지냈다. 하서의 제자이자 사위였으며, 그의 3남 영주(瀛洲) 양천운(梁千運, 1568~1637)은 정유재란으로 불탄 광풍각을 중수하였다.

그 밖에 석천(石川) 임억령(林億齡, 1496~1568), 사촌(沙村) 김윤제(金允悌, 1501~1572: 양산보의 처남. 1545년, 환벽당 건립), 제봉(霽峰) 고경명(高敬命, 1533~1592: 1574년, 무등산 유람 후 소쇄원 방문), 송강(松江) 정철(鄭澈, 1536~1593: 1551년, 부친 따라 창평 이거, 1581년 전라도 관찰사. 1585년 창평 낙향, 송강정 건립) 등이 드나들면서 정치, 학문, 사상 등을 논하며 교류하였다. 그들이 남긴 시와 문장은 당시의 소쇄원 모습과 변천을 추측하는데 많은 도움이 되고 있다. 특히 제봉은 1574년 4월 20일부터 24일까지 서석산(현 무등산)을 유람하고 [유서석록(遊瑞石錄)]을 남겼는데, 그 기록에 의하면 23일 포시(晡時)에 소쇄원에 도착하여 머물며 소쇄원을 소개하고, 모든 것이 하서의 사십영에 다한 바 있다고 기록하고 있다.[5] [유서석록]은 소쇄원을 방문하고 서술한 것으로 소쇄원48영과 더불어 초창기의 소쇄원의 구성을 이해하는데 도

---

5 고경명(1574), 유서석록, http://gjsgcc.or.kr/ko/36/view?SEQ=1451&page=2 ; 양재영(1995), 소쇄원시선, 광명문화사, 117~118쪽. 3장에 소쇄원 관련 전문을 싣는다.

사진 1. 소쇄원 전경 (촬영: 백두인)

움이 되는 기록이라 할 수 있다.

소쇄원은 제봉의 방문 이후 얼마 되지 않아 정유재란(1598년)에 의해 파괴되었고, 1614년에 양산보의 3대손인 양천운에 의해 광풍각이 중수되었다.[6] 그 후 소쇄원은 조선후기, 일제강점기, 6·25전쟁, 근대를 거치며 그의 자손들에 의해 보존, 관리되어 현재에 이르고 있다.(사진 1) 소쇄원에는 소쇄공의 다음과 같은 말이 남아있다. '일찍이 자제에게 말하기를 한 언덕 한 골짜기도 나의 나막신 자국, 발자국이 남겨지지 않은 곳이 없으니, 평천장의 고사에 의거하여 남에게 팔지 말며, 또 불초(不肖), 지서(支庶)에 속하지 않도록 하라.'[7]

소쇄원은 서하(棲霞) 김성원(金成遠, 1525~1597)의 식영정(息影亭)과 사촌 김윤제의 환벽당(環碧堂)과 더불어 일동삼승(一洞三勝)이라 불린다. 면앙정 송순의 시 '김상사 성원의 식영정운에 차운하다.'(1563)의 주에 '소쇄원, 식영정, 환벽당은 일동의 삼승(一洞三勝)이라고 일컬었다.'[8] 라고 적고 있다.

2008년 명승 제40호로 지정되었다.

6 양천운(1614), 소쇄원 계당 중수 상량문(瀟灑園 溪堂 重修 上樑文), 소쇄원사실 권지사, 16~18쪽. 3장에 소쇄원 관련 부분을 싣는다.

7 瀟灑園事實 卷之二 九~十, 實記, …嘗語子第曰一丘一壑 莫非吾屐痕履迹 依平泉古事勿鬻於人亦勿爲不肖支庶之所屬也. … / 불초(不肖: 어버이의 덕망이나 유업을 이을 만한 자질이나 능력이 없음), 지서(支庶: 정실이 낳은 아들 중에서 맏아들 이외의 아들을 가리키는 지자와 첩이 낳은 아들인 서자를 아울러 이르는 말).

8 宋純(1563), 次金上舍 成遠 息影亭韻 二首○時嘉靖癸亥秋, 俛仰集卷之三 詩, 한국고전번역원, 영인표점 한국문집총간, 1988, … 瀟灑園, 息影亭, 環碧堂。以一洞三勝稱之。….

2) 하서 김인후의 [소쇄원48영(瀟灑園四十八詠)]

[소쇄원48영]은 하서 김인후가 39세인 1548년경에 노래한 것으로 알려진 오언절구의 시로서, 제1영 '소정빙란(小亭憑欄)' 부터 제48영 '장원제영(長垣題詠)'에 이르기까지 소쇄원의 조경, 건축, 은거 등에 대하여 상세히 노래하고 있어, 창건 당시의 소쇄원의 구성과 성격, 사상적 배경을 알 수 있는 주요한 기록이라 할 수 있다.

[소쇄원48영]은 이미 언급한 하서선생전집에 실려 있으며, [소쇄원사실]에는 '사십팔영(四十八詠)'[9](사진 2)이라 기록하고 있고, 1755년에 제작된 목판 [소쇄원도(瀟灑園圖)](도 1)에는 '소쇄원48영'이라는 명기 없이 48영의 각 제목이 새겨져 있다. 특기할 것은 [유서석록]에 '하서의 40영(河西四十詠)에 그것을 모두 보이고 있다.'[10]라고 적고 있는 점이다. 이 부분에 대한 연구는 차후의 과제로 남긴다.

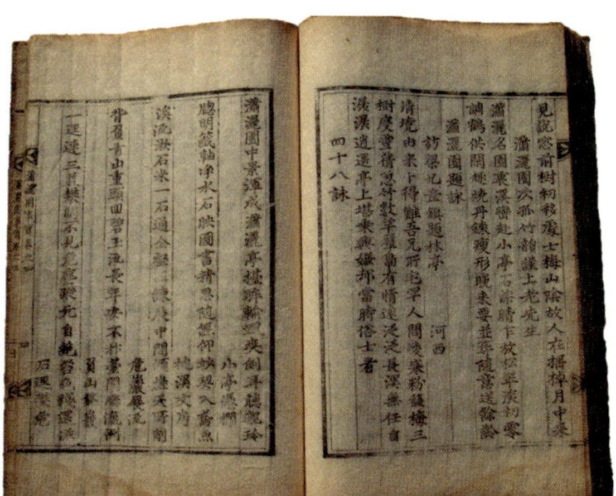

사진 2. [소쇄원사실]의 '사십팔영(四十八詠)'

---

[9] 瀟灑園事實 卷之四 三, … 四十八詠 ….

[10] 고경명(1574), 앞의 글, … 而河西四十詠盡之矣 ….

사진 3. 장성 필암서원

하서(河西) 김인후(金麟厚, 1510~1560)는 조선시대의 대표적인 성리학자이며 문장가로서, 소쇄원의 서북쪽에 위치한 전남 장성 출신이다. 그는 이퇴계와 쌍벽을 이루는 유학자로서 그의 위패(位牌)가 장성 필암서원(사진 3)에 안치되어 있다. 그의 연보[11]에 의하면, 하서는 1510년 7월 19일 장성현 대맥동(大麥洞)에서 태어나, 18세(1527년)에 화순의 동복에 있는 신재(新齋) 최산두(崔山斗, 1483~1536)를 찾아가 뵙고 학을

11 하서선생전집 부록 권지3, 연보, 한국고전번역원, 영인표점 한국문집총간, 1989, … 中宗大王五年 庚午秋七月壬寅。十九日申時 先生生于長城縣大麥洞里第。…, 六年丁亥 先生十八歲 往拜新齋崔公論學 …, 二十七年戊申 先生三十九歲 寓居淳昌鮎巖村鮎巖之上。創立草堂。扁以訓蒙。日與諸生。講學遊息。悠然有出塵之想焉。….

강론하였고, 19세(1528년)에 상경하여 수학하고 과거에 합격하였으며, 24세(1533년)에 성균관에서 퇴계와 강학하였다. 26세(1535년)에 귀향하여 거상중인 최산두를 찾아 조위하였고, 27세(1536년)에 다시 귀경하였으며, 34세(1543년)에는 홍문관박사 겸 세자시강원 설서(說書)[12]가 되어 왕세자(훗날 인종)의 보도(輔導)[13]를 전임 받았다. 36세(1545년)에 인종이 재위 8개월 만에 승하하자 실의에 빠져 가슴을 치며 슬퍼하였다. 39세(1548년)에는 순창(淳昌) 점암촌(鮎巖村)에 우거(寓居)하며, 초당 훈몽재에서 강학하고 마음 편히 쉬며, 세속을 벗어난 생각을 하였다.

또한 이때 '1548년 정월 보름날 소쇄공에게 드림'[14]이라는 시 등도 지었다. 또 '소쇄원 양공 행장'에 의하면, '선생(소쇄공)은 하서와 뜻이 같아 친하게 지냈고, 또 자녀들을 혼인시켰으며, 왕래하면서 강론하였는데 늙어서도 그만두지 않았다. 만날 때마다 흔연히 매우 기뻐하면서 의리를 토론하고 고금을 상론하였다. 간혹 술을 마시면서 시를 지었는데 밤낮이 다하도록 싫증내지 않았으니, 하서가 소쇄원에 이를 때마다 몇 달씩 돌아가는 것을 잊을 정도였다.'[15]라고 한다. 하서는 소쇄원을 마치 자신의 정원처럼 드나들어, 정원의 물고기가 알아볼 정도였다[16]고 한다. 하서는 소쇄공보다 7살 어렸지만 일찍부터 교우관계에 있었으며, 딸을 소쇄공의 차남인 양자징에게 시집보내 사돈 관계를 형성하

---

12 세자시강원(世子侍講院, 조선 태조 때 관청의 하나) 설서(說書, 조선 시대, 세자시강원의 정칠품 벼슬).

13 보도(輔導: 도와서 올바른 데로 인도함).

14 김인후(1548), 戊申 上元 奉寄瀟灑園, 河西先生全集 卷之六 七言絶句, 한국고전번역원, 영인표점 한국문집총간, 1989. https://db.itkc.or.kr/ ; 양재영(1995), 앞의 책, 49쪽.

15 이민서(李敏敍, 1633~1688), 앞의 글, … 先生與河西同志相友善。且嫁娶子女。往還講說。至老不廢。每相見欣然讙甚。討論義理。商確古今。或命觴賦詩。窮日夜不厭。河西至瀟洒園。輒數月忘歸。….

16 김인후, 瀟灑亭韻, 河西先生全集 卷之九 / 五言律詩, … 池魚曾識面 ….

였다.

[소쇄원48영(瀟灑園四十八詠)]은 이와 같이 소쇄원을 사랑하고 소쇄원 사람들과 깊은 관계를 맺으며 교유한 하서 김인후가 노래한 것으로, 소쇄원의 전체가 거의 완성된 1548년경의 소쇄원 모습을 노래한 것으로 전하고 있다.

소쇄원48영은 소쇄원 입구의 긴 담에 새겨져 있었다고 한다. 이는 소쇄원48영의 제48영인 '긴 담에 써 붙인 소쇄원 제영(장원제영: 長垣題詠)'과 1755년에 제작된 [소쇄원도]에 표현된 입구 담장에 새겨진 '김하서 장원 사십팔영 수제(金河西長垣四十八詠手題)'에서 알 수 있다.(도 48-1, 사진 48-2) 그러나 현재는 그 모습을 볼 수 없다.

[소쇄원48영]은 많은 사람들에 의해 번역[17]이 이루어졌으나 번역자에 따라 다양한 해석이 되고 있어 이해에 어려움이 있다. 본서에서는 번역을 새롭게 하고, 별서 소쇄원의 조경과 공간구성에 초점을 맞추어 조사·분석하여 조경학적 측면의 고찰을 심화하고자 하였다. [소쇄원48영]을 이해하기 쉬운 말로 번역·풀이하며, 전거(典據)[18]를 밝히고, 숨은 뜻을 찾아 소쇄원 조영 초기의 모습을 살펴보고자 하였다.

즉 소쇄원 초창기의 모습을 밝혀, 별서 소쇄원의 원형을 보존하는 문화재보호의 자료로 활용하고자 한다. 본서의 소쇄원48영 번역은 한학자이신 현재(弦齋) 김영웅(金永雄, 1947~)선생님의 가르침에 힘입었음을 밝힌다. 부족한 점은 계속 보완·수정하고자 한다.

---

17 한영성(2004), [역주]소쇄원사십팔영, 온지론총 11집, 305~332쪽. 이 논문에 소쇄원48영의 번역 연혁이 상세하다.

18 전거(典據, 말이나 글 따위의 근거가 되는 문헌상의 출처).

3) [소쇄원도(瀟灑園圖)]

소쇄원에는 목판 '소쇄원도(瀟灑園圖)'가 있었으나 불행이도 1984년에 도난당하고, 현재 목판 원본을 탁본한 것이 남아 있는 것과 1987년 이후에 다시 제작한 목판본[19]이 있다.

1755년에 판각된 것으로 알려진 [소쇄원도]는 [소쇄원48영](1548) 제작연대와 200년 이상의 차이를 보이고 있으나 현재 우리가 볼 수 있는 가장 오래된 소쇄원 관련 그림이며, 소쇄원48영과의 연관 속에 제작된 것으로 생각되어, 본서에서 함께 고찰하기로 하였다.

본서에서 사용한 [소쇄원도]는 1970~80년대에 소쇄원을 학계에 소개하며 논문을 발표하신 정동오(鄭瞳旿, 1930~) 전남대 명예교수님께서 제공해주신 것을 대본으로 고찰한다.[20] 이 [소쇄원도]는 목판원본을 탁본한 것으로, 다음에 상세히 서술하지만 1755년 창평 절등재에서 간행한 것임을 알 수 있으며, 1986년 출판된 [한국의 정원]에 소개하고 있다.[21](도 1) '소쇄원도' 목판의 뒷면에 새겨졌다고 하는 [제주도(濟州圖)]는 그 탁본에 의하면 '한라산(漢拏山)'과 '삼성비(三姓碑)', 성문 안의 '관아(管衙)'와 '객사(客舍)' 그리고 '삼성묘(三姓廟)'와 '대성전(大成殿)' 등 제주도의 모습이 묘사되어 있다.

---

19 1987년에 효천 조정숙씨, 2000년에 백남 나갑씨 복원.

20 정동오(1973), 양산보의 소쇄원에 대하여, 한국조경학회지, 1(2), 27~33쪽;
정동오(1977), 소쇄원의 조경식물, 호남문화연구, 135~155쪽;
정동오(1992), 소쇄원사십팔영에 대한 조경사적 측면의 연구, 전남문화재 제5집, 199~223쪽.

21 정동오(1986), 한국의 정원, 민음사, 211쪽.
액자에 소중하게 간직한 [소쇄원도(瀟灑園圖)]와 [제주도(濟州圖)]를 물려주셨다.

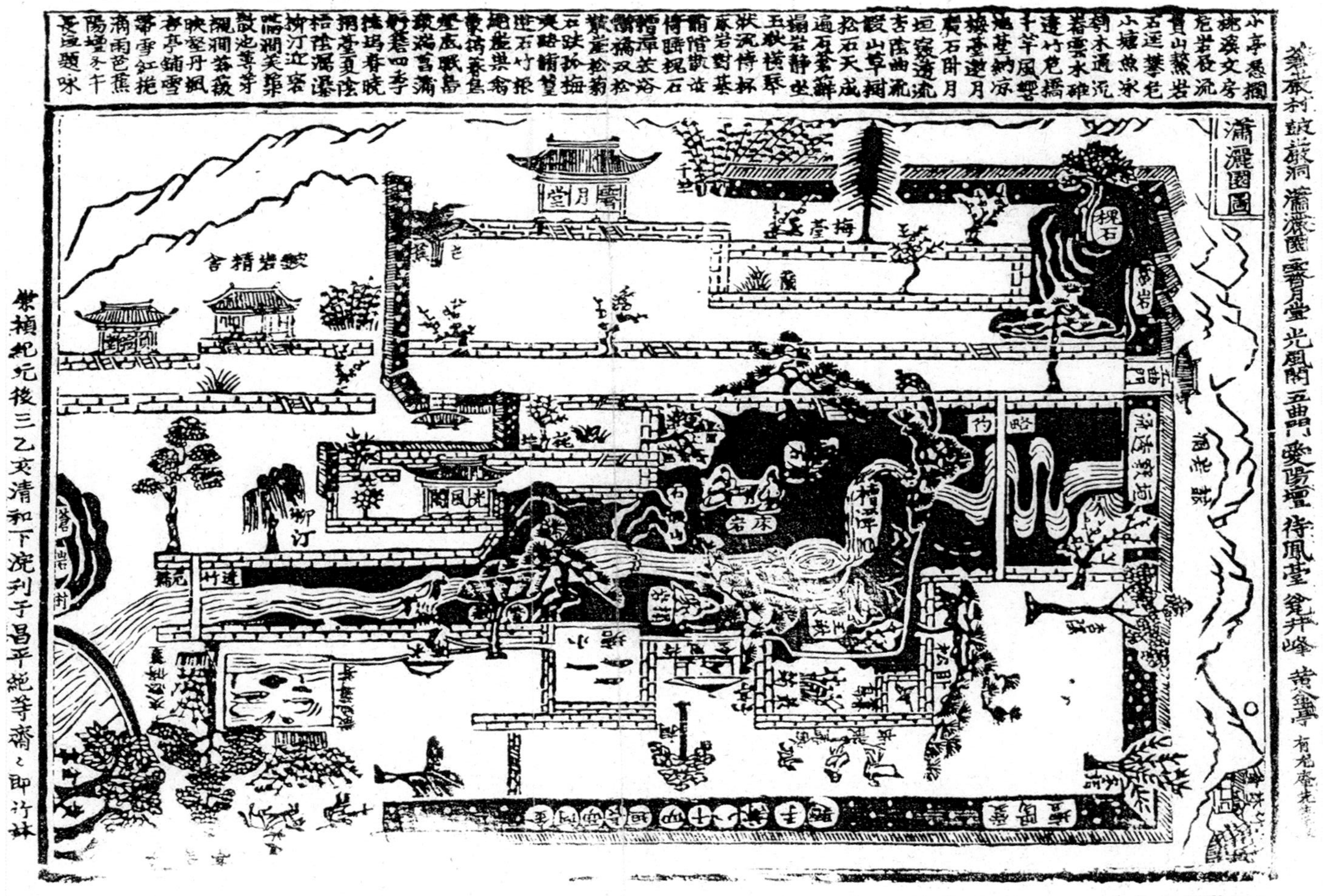

도 1 [소쇄원도]

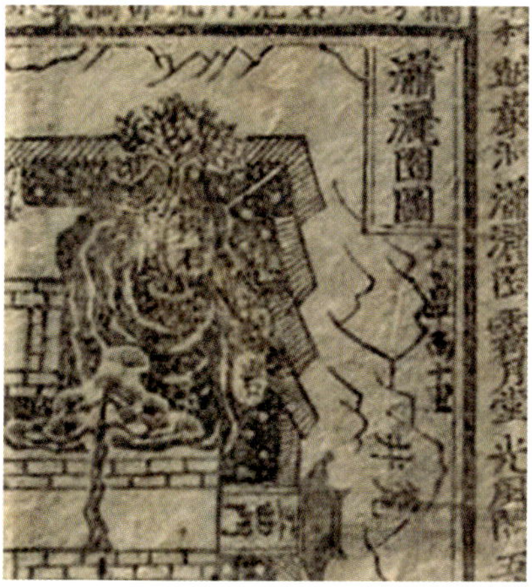

도 2 | 도 3

도 2. [소쇄원도] 부분: 소쇄원사실(가사문학관 소장)
도 3. [소쇄원도] 부분: 본서의 대본

(1) [소쇄원도(瀟灑園圖)]의 구성

본서에서 대본으로 사용한 [소쇄원도](도 1)는 크기가 가로 36cm, 세로 25.5cm이다. 직사각형 틀에 위쪽에 가로로 긴 장방형의 틀을 만들어 소쇄원48영의 제목을 적고, 아래의 큰 장방형의 틀에 별서 소쇄원을 상세히 묘사하고 있다. 그리고 직사각형 틀 좌우에 문자를 적어 목판 조영연대와 장소, 소쇄원의 일부 명칭을 기록하였다.

소쇄원도의 구성을 위에서부터 살펴보면, 위쪽의 가로로 긴 장방형 틀 안에, 소쇄원48영 각 영의 제목(詩題)이 기록되어 있다. 세로쓰기로 오른쪽에서 왼쪽으로 새겨져 있는 제목은 제1영 소정빙란부터 42영 츤간자미, 영학단풍, 행정포설(杏亭鋪雪), 대설홍치, 적우파초, 양단동오, 장원제영 순으로 기록하고 있다. [하서전집] 및 [소쇄원사실]과 달리, 43영 적우파초가 46영 대설홍치 다음에 있으며, 평원포설(平園鋪雪) 없이 행정포설(杏亭鋪雪)이라 적고 있다.

가로로 긴 장방형 틀 아래의 큰 장방형 틀 안에 별서 소쇄원의 상세가 묘사되어 있다. 오른쪽 상부 귀퉁이의 작은 틀 속에 세로로 '소쇄원도(瀟灑園圖)'라 적고 있는데(도 3), [소쇄원사실]에 실린 '소쇄원도'(도 2)[22]에는 '소쇄원도' 라는 글씨 아래에 '재창평남십리(在昌平南十里)' 즉 '(소쇄원이) 창평 남쪽 10리에 있다.' 라는 문구와 '옹정(甕井)'이라는 문구가 있다. '재창평남십리'는 하서의 [소쇄원48영]의 주에 '원재창평현남십리(園在昌平縣南十里)'[23]와 유사하다. 그 밖에 상세표현에 미묘한 차이점은 보이지만 대략은 유사하다. 별서의 중앙을 흐르는 계곡을 중심으로 계곡의 양안에 제월당과 광풍각이 있는 부분과 대봉대와 상하지가 위치하는 공간이 대치하고 있으며, 계곡의 흐름과 암반상의 다양한 사용 등 계곡의 활용이 상세히 묘사되어 있다.

그림의 표현기법은 현대의 조경도면이 평면도(그림 1)와 입면도를 분리하여 그리는 것과 달리, 평면과 입면이 공존하며 입면의 시점이 사방으로 표현되어 있어 경관의 조망점을 이해하는데 도움이 된다. 특이한 것은 별서 입구부터 내부로 진행하며, 각 공간요소에서의 경관방향으로 표현하다 보니 별서의 입구로 향하는 시점은 없이 안쪽으로 향하는 시점과 상하의 시점을 갖는다는 점이다. 즉 내부지향적인 표현을 하고 있음을 알 수 있다. 그리고 [소쇄원도]에는 각 공간의 요소에 대한 명칭 및 일부 [소쇄원48영]의 시제가 명기되어 있어 공간의 의미와 역할·상징 등을 읽을 수 있다. 각 공간의 상세는 뒤에 설명하는 본문에서 자세히 고찰하였다.

[소쇄원도]의 직사각형 틀 왼쪽에 세로쓰기로 쓴 문자에서 목판의 제작연도와 장소를 알 수 있으며, 오른쪽의 문자에서 소쇄원의 주요 요소

---

22 [소쇄원도]부분, 가사문학관 소장.

23 김인후, 소쇄원사십팔영, 河西先生全集 卷之五 오언절구, 한국고전번역원, 영인표점 한국문집총간, 1989 https://db.itkc.or.kr/ ; 필암서원(1993), 앞의책, 647~672쪽.

와 건축물 등을 알 수 있다.

왼쪽 문구는 '숭정기원후 삼을해 청화하완간 우창평절등재 재즉죽림(崇禎紀元後三乙亥清和下浣刊于昌平絶等齋齋卽竹林)'으로, 목판의 조성연도는 숭정기원후 삼을해(崇禎紀元後三乙亥)[24]인 1755년(영조31년) 4월(清和) 하순(下浣)에 간행되었으며, 조성장소는 창평 절등재 즉 죽림재(于昌平絶等齋齋卽竹林)임을 알 수 있다. [소쇄원도(瀟灑園圖)]는 [소쇄원사실] 간행 당시 판각·첨부했다는 사실이 양학겸(梁學謙, 1712~1770)의 '소쇄원사실후발'에 다음과 같이 기록되어 있다. '… 아! 선조의 실적(實蹟)이 거의 없어질 지경에 이르렀는데 다행히 이 기록을 간행하였고, 원림천석이 변천할 지경에 이르렀는데 이 도를 모사하여 전함이 있으니, 비단 자손들의 깊이 감동하고 기뻐함 뿐 만 아니라 이후에 보는 후세 사람들로 하여금 이 실록을 보고, 이 원도(園圖)에 의거하여 우리 선조의 장수(藏修)하며 기른 덕을 만분의 일이라도 상상할 수 있도록 하고자 함이다.'[25] 양학겸은 할아버지·양진태(梁晋泰, 1657~1712)가 수집하고, 돌아가신 아버지·양채지(梁采之, 1679~1738)가 편집한 것을 판각·인출하며 권말에 자신이 지은 발문을 붙이고 있다.

오른쪽 문구는 '창암촌 고암동 소쇄원 제월당 광풍각 오곡문 애양단 대봉대 옹정봉 황금정 유우암선생수필(蒼巖村 鼓巖洞 瀟灑園 霽月堂 光風閣 五曲門 愛陽壇 待鳳臺 瓮井峰 黃金亭 有尤庵先生手筆)'로, 소쇄원 담장 안 요소의 명칭인 제월당, 광풍각, 오곡문, 애양단, 대봉대와 소쇄

24 숭정기원후 삼을해(崇禎紀元後 三乙亥): 숭정(崇禎)은 명나라 마지막 황제인 의종(毅宗)의 연호로서 의종이 재위하기 시작한 원년인 숭정기원 1628년에서부터 세 번째 을해년(乙亥年)인 1755년을 말한다. 영조 31년이다.

25 양학겸, 瀟灑園事實後跋 一, 瀟灑園事實, … 呼先祖實蹟幾乎泯沒而幸斯錄之印行 園林泉石 幾乎變遷而 有斯圖之模傳 非但爲子孫之感悅 夫然後庶使後之觀者 按此實錄據茲園圖 而想像我先祖藏修養德之萬一云爾 ; 김덕진(2009), 『소쇄원사실』 발간과 그 의의, 역사학 연구 35집, 78쪽.

원 담장 밖 요소의 명칭인 창암촌, 고암동, 옹정봉, 황금정 등을 표시하고 있다. 그리고 '우암(尤菴)선생의 수필(手筆), 즉 직접 쓴 글씨가 있다.(有尤庵先生手筆)'라고 적고 있어 소쇄원 내에 우암 송시열(宋時烈, 1607~1689)이 손수 쓴 글씨가 있음을 알 수 있다. 우암의 친필에 대하여는 본문에서 자세히 고찰하였다.

(2) 1755년 목판본 [소쇄원도(瀟灑園圖)] 이전의 '소쇄원도'

본서의 대본으로 사용한 [소쇄원도]는 이미 설명한 바와 같이 1755년에 간행한 것이다. 그런데 '소쇄원도'는 그 이전에도 이미 있었던 것 같다. [소쇄원사실]에 양진태의 시와 그의 시에 차운한 배대우의 시에서 '소쇄원도(瀟灑園圖)'에 대해 언급하고 있다.[26]

양진태[27]의 시

소쇄원도를 기암 배경회에게 보여주면서
(以瀟灑園圖示機巖 裵慶會 大遇)[28]

그대가 선원(先園)의 그림 찾으니	爾索先園畵(이색선원화)
이 원의 그림은 직접 한번 본 것만 못하네.	玆園畵不如(자원화불여)
석담의 꽃은 물결에 급하고	石潭花浪急(석담화랑급)
연류에는 술집 알리는 깃발 펄럭이구나.	烟柳酒旗舒(연류주기서)

26 瀟灑園事實 卷之十三 五~六 ; 양재영(1995), 앞의 책, 178~181쪽 ; 권수용(2005), 『瀟灑園事實』을 통한 瀟灑園 硏究, 전남대학교 석사학위논문, 79~81쪽.

27 김덕진(2007), 소쇄원사람들, 다홀미디어, 320~321쪽.
양진태(梁晋泰, 1657~1712): 양산보의 4대손. 호는 인재(忍齋). 우암 송시열의 문인. 이민서, 김수항, 정호의 문하에 출입. 김창협, 김창흡, 민진장 등과 도의로 사귀다. [소쇄원사실]의 토대 마련.

28 양진태, 瀟灑園事實 卷之十三 五 ; 양재영(1995), 앞의 책, 178~179쪽.

봄옷 입은 어린이와 어른을 알고 春服知童冠(춘복지동관)
세상일 잊은 새와 물고기 발견하네. 忘機認鳥魚(망기인조어)
(하략)

양진태가 선원(先園: 소쇄원)의 그림을 구하는 배경회에게 소쇄원도를 보여주며, 이 그림은 소쇄원을 직접 한번 보는 것만 같지 않다고 말하고 있다. 즉 소쇄원을 그림에 다 담을 수 없음을 말하고 있다.

양진태의 위 시를 보고 차운[29]한 배대우(會大遇)의 시

양내숙의 소쇄원도 시를 차운하다. 임자 죽남 배경회 대우
(次梁來淑瀟灑園圖韻 壬子 竹南裵慶會 大遇)[30]

그대 선원의 그림 얻어 得爾先園畵(득이선원화)
원림의 면면을 좇네. 園林面面如(원림면면여)
단의 매화는 붉게 터지고 壇梅紅政坼(단매홍정탁)
물가 버드나무는 초록빛을 비로소 펼쳤네. 汀柳綠初舒(정류록초서)
날아가는 것은 어느 산의 새인가 飛去何山鳥(비거하산조)
물에 떠서 노는 것은 어느 물의 물고기인가. 浮遊某水魚(부유모수어)
만약 기막힌 절승을 말하자면 若論奇絶處(약론기절처)
벼랑의 폭포가 광려보다 낫네. 巖瀑勝匡廬(암폭승광려)

양내숙(진태)의 시를 본 배경회가 임자(壬子) 즉 1672년에 차운한 시로 '그대가 보내준 선원(先園)의 그림 즉 '소쇄원도'를 얻어, 그림을 보

29 차운(次韻: 남이 지은 시에서 운자를 따서 시를 지음).
30 배대우, 瀟灑園事實 卷之十三 六 ; 양재영(1995), 앞의 책, 180~181쪽.

며 원림의 곳곳을 좇아 볼 수 있다.'고 말하고 있다. 이 시가 지어진 시기인 1672년 이전에도 '소쇄원도'가 있었음을 추측할 수 있다. 1755년 간행본과 동일하지는 않았겠지만 그와 유사한 소쇄원을 그린 그림이 그 이전에도 있어 공유했음을 알 수 있다.

2. [소쇄원48영]과 [소쇄원도]

1) [소쇄원48영]과 [소쇄원도]

소쇄원48영(瀟灑園四十八詠) 소쇄원은 창평현 남쪽 10리에 있다. (園在昌平縣南十里)[31]

1. 小亭憑欄(소정빙란)
2. 枕溪文房(침계문방)
3. 危巖展流(위암전류)
4. 負山鼇巖(부산오암)
5. 石逕攀危(석경반위)
6. 小塘魚泳(소당어영)
7. 刳木通流(고목통류)
8. 舂雲水碓(용운수대)
9. 透竹危橋(투죽위교)
10. 千竿風響(천간풍향)
11. 池臺納凉(지대납량)
12. 梅臺邀月(매대요월)

13. 廣石臥月(광석와월)
14. 垣竅透流(원규투류)
15. 杏陰曲流(행음곡류)
16. 假山草樹(가산초수)
17. 松石天成(송석천성)
18. 遍石蒼蘚(편석창선)
19. 榻巖靜坐(탑암정좌)
20. 玉湫橫琴(옥추횡금)
21. 洑流傳盃(복류전배)
22. 床巖對棋(상암대기)
23. 脩階散步(수계산보)
24. 倚睡槐石(의수괴석)

31 김인후, 소쇄원사십팔영, 河西先生全集 卷之五, 五言絶句, https://db.itkc.or.kr/

25. 槽潭放浴(조담방욕) 26. 斷橋雙松(단교쌍송)
27. 散崖松菊(산애송국) 28. 石趺孤梅(석부고매)
29. 夾路脩篁(협로수황) 30. 迸石竹根(병석죽근)
31. 絶崖巢禽(절애소금) 32. 叢筠暮鳥(총균모조)
33. 壑渚眠鴨(학저면압) 34. 激湍菖蒲(격단창포)
35. 斜簷四季(사첨사계) 36. 桃塢春曉(도오춘효)

37. 桐臺夏陰(동대하음) 38. 梧陰瀉瀑(오음사폭)
39. 柳汀迎客(유정영객) 40. 隔澗芙蕖(격간부거)
41. 散池蓴芽(산지순아) 42. 櫬澗紫薇(츤간자미)
43. 滴雨芭蕉(적우파초) 44. 映壑丹楓(영학단풍)
45. 平園鋪雪(평원포설) 46. 帶雪紅梔(대설홍치)
47. 陽壇冬午(양단동오) 48. 長垣題詠(장원제영)

제1영 작은 정자의 난간에 기대어	小亭憑欄(소정빙란)
소쇄원 속 모든 경치가	瀟灑園中景(소쇄원중경)
한데 어울려 소쇄정 이루었네.	渾成瀟灑亭(혼성소쇄정)
눈 높이 들면 주위에는 시원한 바람 불어오고	擡眸輪颯爽(대모륜삽상)
귀 기울이면 옥 부딪치는 것 같은 물소리 들려라.	側耳廳瓏玲(측이청롱영)[32]

도 1-1	사진 1-1	
사진 1-2	사진 1-3	사진 1-4

도 1-1. [소쇄원도]의 「소정(小亭)」
사진 1-1. 소정 대봉대(待鳳臺)
사진 1-2. 대봉대에서 입구
사진 1-3. 대봉대에서 광풍각
사진 1-4. 대봉대에서 제월당

32 小(작을 소) 亭(정자 정) 憑(기댈 빙) 欄(난간 란) 瀟(강이름 소, 물이 맑고 깊다) 灑(뿌릴 쇄, 깨끗하다.) 園(동산 원) 中(가운데 중, 맞을 중) 景(경치 경, 빛) 渾(섞일 혼) 成(이룰 성) 擡(들 대) 眸(눈동자 모) 輪(주위 륜) 颯(바람소리 삽) 爽(시원할 상) 側(기울 측) 耳(귀이) 廳(들을 청) 瓏(옥소리 롱) 玲(옥소리 령).

사진 1-5. 대봉대에서 계곡 조망: 정자 아래 펼쳐진 암반과 흐름

소쇄원48영의 제1영인 '소정빙란(小亭憑欄)'은 '작은 정자(小亭)의 난간에 의지해'라는 뜻으로, 소쇄정에서 소쇄원 모든 경치를 조망할 수 있다고 노래하고 있다.

제2구인 '혼성소쇄정(渾成瀟灑亭)'에서 보면 '소정'은 '소쇄정(瀟灑亭)'을 이르고 있음을 알 수 있다. 그리고 이곳 소정은 소쇄원 속 모든 경치가 조망되는 곳, 즉 소쇄원의 중심 조망처 이기도 함을 알 수 있다. (사진 1-2, 사진 1-3, 사진 1-4, 사진 1-5) 제4구의 영롱한 소리는 물소리이면서 선비가 드나들 때 나는 패옥이 부딪히는 소리이다. 대봉대에서 소쇄원 전면을 흐르는 계곡의 전경과 물소리를 감상할 수 있다.(사진 1-5)

[소쇄원도](1755)에는 대봉대의 동쪽에 '소정(小亭)'이라 적고 있다. (도 1-1) 현재 '소정'이라 칭하는 위치에 '대봉대'라는 현판이 걸린 초정이 있다(사진 11-2). 소쇄원에 '소쇄정(瀟灑亭)'은 없다.

소쇄정은 소쇄원의 매우 주요한 조망점으로 이에 대한 문헌이 있어 소개하기로 한다. 하서의 시 '소쇄정즉사(瀟灑亭卽事)'와 면앙정의 시 '제 외제 양처사 언진 산보 소쇄정(題外弟梁處士彦鎭 山甫 瀟灑亭)' 등이 그것이다. 이들 시문은 소쇄원 조영 초기의 작품으로 소쇄원이 그들에게 어떠한 의미를 가지고 있었는지를 고찰하는데 주요한 자료가 되며, 현재를 살아가는 우리가 소쇄원을 어떻게 바라보며 유지해야 하는

지에 대한 지표가 될 수 있다고 생각된다.

소쇄정에 올라 즉석에서 지은 시　　瀟灑亭卽事(소쇄정즉사)[33]

_하서(河西) 김인후(金麟厚)

대숲너머 바람은 귀를 맑게 하고	竹外風淸耳(죽외풍청이)
시냇가 달은 마음을 비추네.	溪邊月照心(계변월조심)
우거진 수풀은 상쾌한 기분을 전하고	深林傳爽氣(심림전상기)
키 큰 나무는 엷은 그늘 흩뿌리네.	喬木散輕陰(교목산경음)
술이 익자 살포시 취기를 띠고	酒熟乘微醉(주숙승미취)
시를 짓자 조용히 읊조리네.	詩成費短吟(시성비단음)
처량한 소리 깊은 밤에 들리어	數聲聞半夜(수성문반야)
피눈물 흘리는 산새가 있네.	啼血有山禽(제혈유산금)

'소쇄정즉사'는 [소쇄원사실(瀟灑園事實)]에는 가정무자(嘉靖戊子) 즉 1528년이라 기록하고, [하서집]과 '고전번역원db'에서는 무술(戊戌) 즉 1538년에 지은 것이라 기록하고 있다. 이미 밝힌 '하서 연보'에 의하면 그의 나이 18세(1527년)에 '최신재 산두를 찾아가 뵙고 학을 강론하였다.'[34]고 기록하고 있다. 또 [소쇄원사실]에는 '하서는 장성으로부터 동복에 있는 신재 최산두에게 나아가 배웠으며, 반드시 소쇄원에서 휴식하였다.'[35]고 기록하고 있다. 즉 하서는 1527년에 자택 장성에서 스승의 유배지 동복으로 오고가며 배웠으며, 그 중간에 위치한 담양소쇄원이 중간 휴식처의 역할을 하였던 것이다. 이때부터 하서는 소쇄원을 방문

33 김인후, 瀟灑園事實 卷之四 九.

34 하서선생전집부록 권지삼, 연보.

35 瀟灑園事實 卷之二 十, 實記, … 新齋崔舍人山斗, 編管同福赤壁十五年, 時河西自長城, 就學往來, 必休息瀟灑園 ….

하기 시작하여, 이듬해인 1528년에 '소쇄정 즉사'를 지은 것으로 추측되며, 이후 '소쇄원48영'을 비롯한 많은 시문을 남기고 있다. 신재는 기묘사화(1519)로 인하여 화순 동복 적벽에 유배되어 15년간 지내고 1533년에 해배되었다. 무술년 즉 1538년은 '선생 29세 여름 사월에 글을 지어 최신재에게 제를 올렸다.'라는 기록이 있다.

다음은 송순의 시로,

외사촌 동생 처사 양언진 산보의 소쇄정에서 읊다. 4수, 1534
(題外弟梁處士彦鎭(山甫)瀟灑亭 四首 甲午)[36]

_면앙정(俛仰亭) 송순(宋純, 1493~1583)

작은 누각 영롱하게 세워	小閣玲瓏起(소각영롱기)
앉아 있으니 숨어살 마음 생기네.	坐來生隱心(좌래생은심)
못의 물고기는 대나무 그림자를 좇고	池魚依竹影(지어의죽영)
산 폭포는 오동나무 그늘로 쏟아지네.	山瀑瀉梧陰(산폭사오음)
사랑스러운 돌길은 물가에서 돌아오며	愛石頻回步(애석빈회보)
가련한 매화는 나도 몰래 한숨짓네.	憐梅累送吟(연매루송음)
숨어사는 뜻을 알고 싶어	欲知幽意熟(욕지유의숙)
잠자리의 새 가까이서 알아보네.	看取近床禽(간취근상금)
벼랑 따라 좁은 길 열려 있는데	緣崖開一逕(연애개일경)
시냇가에 임한 사립문은 닫혀있네.	臨澗閉雙扉(임간폐쌍비)
바위에 오래된 이끼 가득하고	巖老苔平鋪(암로태평포)
정자는 무성한 대나무에 어지럽게 둘러싸여 있네.	亭深竹亂圍(정심죽난위)
바람은 높은 베개 가득 불어오고	風來高枕滿(풍래고침만)

36 송순(1534), 俛仰集卷之一, 詩. http://www.itkc.or.kr/

사람은 작은 다리에 이르는 것 드무네. 人到小橋稀(인도소교희)
고요하게 꽃을 보노라니 寂寂看花處(적적간화처)
한가한 구름이 산의 중허리 아래에 있네. 閑雲下翠微(한운하취미)

우연히 방장의 경계 들어가 보니 偶入方壺境(우입방호경)
끝없는 속된 마음 씻기네. 無端洗俗心(무단세속심)
계류는 두 섬돌을 에워싸며 울리고 溪圍雙砌響(계위쌍체향)
대나무는 한 담장에 그늘을 감싸네. 竹覆一墻陰(죽복일장음)
땅은 깨끗하니 어찌 침을 허용하며 地淨寧容唾(지정령용타)
헌(軒)은 그윽하니 노래 절로 나오네. 軒幽可着吟(헌유가착음)
갓의 티끌 털어내지도 못했는데 塵冠彈未了(진관탄미료)
높은 나무에 비웃는 새 있네. 高樹有嘲禽(고수유조금)

세상일로 명성과 약속 어기어 世故違芳約(세고위방약)
봄 지나 비로소 사립문 두드리네. 經春始叩扉(경춘시고비)
담소 나누며 작은 회포 푸니 笑談開寸抱(소담개촌포)
여러 겹 싸인 시름과 한이 깨지네. 愁恨破重圍(수한파중위)
속세 멀어 티끌조차 끊어진 이곳 境遠塵常絶(경원진상절)
마음 한가하여 일 또한 드물다네. 心閑事亦稀(심한사역희)
계곡에 임해 거듭 달을 기다리니 臨溪仍待月(임계잉대월)
구름 밖 해질 무렵 종소리 희미하네. 雲外暮鐘微(운외모종미)

면앙정이 갑오년 즉 1534년에 지은 시이다. 면앙정 송순은 양산보의 외종형으로, 양산보의 어머니 신평 송씨와 송순의 아버지 송태(宋泰)는 송복천의 자식으로, 양산보와 송순은 외종사촌 간이다. 면앙정은 소쇄정을 '소각(小閣)'이라 하고 폭포와 오동나무, 대나무, 매화, 이끼 등을 들어 노래하고 있다. 그의 문집에 '임인 가정21년(1542), 중종37년, 선생 50세에 외사촌 동생 양산보공을 위하여 소쇄원 축조를 도왔다. 천석(泉

石)[37]의 경치가 이로부터 증가하게 되었다.…'[38]라는 기록이 있다. 면앙정은 전라도관찰사 재임기인 1542년에 소쇄원의 조영에 직접적인 도움을 준 것으로 생각된다. 그리고 면앙정은 '소쇄원(瀟灑園)'이라는 명칭도 처음 사용하기 시작하였다고 한다. 다음 시의 주에 보인다.

계진이 시 네 수를 지었는데, 그 두 수는 오로지 나에게 속한 것이므로
나도 따라서 화답하다.
(季眞[39]有四詩 其二專屬於余 余從而和之)[40]

_하서 김인후

수혈에서 고리 찾은 사람은 따로 있고 樹穴探環自有人(수혈심환자유인)
선주라 어느 날에 웃음얘기 친히 하리. 仙舟何日笑談親(선주하일소담친)
양산보의 정원 소쇄라는 그 이름은 내가 짓지 않았으니
梁園瀟灑名非我(양원소쇄명비아)
벽에 붙은 신평의 글을 보소서. 且見新平壁上珍(차견신평벽상진)

이후백이 스스로 쓴 주석(自註)에 소쇄원이란 이름이 하서로부터 비롯된 것이라고 하는데, 그것이 송신평에게서 나온 것임을 밝히는 바이다.
(李自註 瀟灑園之名 創自河西云 故明其出於宋新平)

(하략)

'소쇄원이라는 명칭은 하서가 지은 것으로 알려져 있는데, 그것이 아니고 '신평(新平)', 즉 면앙정 송순이 지은 것이다.'라고 밝히고 있다. 참

37 泉石(천석: 물과 돌이 어우러진 자연의 경치).

38 俛仰集 卷之五, 附錄, 議政府右參贊俛仰亭先生年譜, …壬寅嘉靖二十一年。中宗三十七年 先生五十歲。被黜爲全羅道觀察使。…〇爲外弟梁公山甫。助築瀟灑園。泉石之勝。自是有倍。….

39 계진(季眞)은 이후백(李後白, 1520~1578)의 자(字)로, 호는 청련(靑蓮)이다. 그의 시 '제하서시우(題河西詩後)'에 화답한 시이다.

40 김인후, 河西先生全集 卷之六 / 七言絶句.

고로 '소쇄(瀟灑)'라는 뜻은 공치규(孔稚圭, 447～501)의 [북산이문(北山移文)]에, '확고한 지조로 세속을 뛰어 넘은 기풍과 한 점 티끌 없이 맑고 깨끗하게 세속의 때를 벗어버린 생각'[41]이라는 뜻으로, 한 점 티끌 없이 세속의 때를 벗겠다는 의지를 표현하고 있다. 성현은 세상에서 물러나 숨어 살면서 자신의 뜻을 추구하고, 세상에 나아가 의를 행하여 자신의 도를 펼친다[42]라고 하였으며, 벼슬할 만하면 벼슬하고, 그만둘 만하면 그만두고, 오래 할 만하면 오래 하고, 빨리 떠날 만하면 빨리 떠난다[43]라고 한다. 또한 송순은 전라도 관찰사 시절, '소쇄원소우방매'[44]라는 시도 짓고 있다.

송강 정철의 시·'소쇄원제초정'에서는 소쇄원에는 송강이 태어난 해(1536년)에 세워진 초정(草亭)이 있었음도 알 수 있다.

소쇄원제초정(瀟灑園題草亭)[45]

_송강(松江) 정철(鄭澈, 1536～1593)

나 태어나던 해에 이 정자를 세워	**我生之歲立斯亭**(아생지세립사정)
간 사람 남아 있는 사람 40년 역사.	**人去人存四十齡**(인거인존사십령)
시냇물 벽오동 아래에서 맑고 시원하니	**溪水泠泠碧梧下**(계수령령벽오하)
손님 찾아와 취하여 술 깰 필요 없네.	**客來須醉不須醒**(객래수취불수성)

또 [유서석록](1574)에 의하면, '그(화방) 남쪽에는 돌을 높게 쌓아 조

41 孔稚圭, 北山移文, 고문진보후집 권지이, 명문당, 27～29쪽. … 夫以耿介拔俗之標 瀟灑出塵之想 ….

42 논어, 계씨 11장, … 隱居以求其志 行義以達其道 ….

43 孟子, 公孫丑上, … 可以仕則仕 可以止則止 可以久則久 可以速則速….

44 宋純, 瀟灑園疏雨訪梅 監司巡宣行時, 俛仰集 卷之二 / 詩.

45 鄭澈, 松江續集 卷之一 詩○七言絶句, 한국고전번역원, 영인표점 한국문집총간, 1989.

그만 정자(小亭)를 이루었는데 형상이 일산과 같았으며, 처마 앞에는 벽오동이 마주대하고 있는데 매우 오래되어 가지가 반쯤 썩어 있었다.'[46] 라 하였다. 소정의 모습이 큰 양산(일산)과 같으며, 그 앞에 오래된 벽오동이 있었음도 알 수 있다.

이상의 시와 기록을 통해 보면 '소정(小亭)'은 이 정원의 조영 초기단계인 1528년에 이미 축조되어 정원의 중심적인 역할을 하고 있었음을 알 수 있다. '소쇄정즉사'가 지어진 1528년은 이미 밝힌 바와 같이 하서가 동복에 귀양 온 스승 최산두에게 수학하러 다니던 시기이다.

이상의 노래에서 소쇄원의 조영은 '소쇄정즉사'가 지어진 가정무자년(嘉靖戊子年), 즉 1528년 이전에 이미 시작되고 있었음을 알 수 있다. 그리고 그 조영 초기 단계에 원내에 '소쇄정(瀟灑亭)'이라고 하는 정자가 축조되어 이 정원의 중심적인 요소로서 역할을 하고 있었음을 알 수 있다. 또한 송강의 시·'소쇄원제초정(瀟灑園題草亭)'에서는 초정(草亭)이 있었음도 알 수 있다.

현황에서 보면, [소쇄원도]의 '소정'이라 새기고 있는 곳의 옆에 '대봉대(待鳳臺)'라는 현판이 걸린 초정(草亭)이 있고, 대봉대 아래에 못이 조성되어 있다.(사진 1-1) 소쇄원의 입구에서 그리 멀지 않은 곳에 넓은 축대인 대봉대가 있다. 여기에 초가로 작은 정자를 꾸미고 그 축대 옆에 물길을 내어 작은 못을 만들고 있다. 이 정자는 작고 낮은데 위치했으나 소쇄원 전체가 한눈에 들어오는 곳이다. 현재 이 축대 위에 세워진 '대봉대(待鳳臺)'의 건물 위치가 소쇄원48영의 제1영에서 노래한 '소정빙란(小亭憑欄)'의 '소정(小亭)', 즉 '소쇄정(瀟灑亭)'의 위치일 것으로 추측한다.

---

46 고경명(1574), 앞의 글, … 其南累石高之。翼以小亭形如張傘。當簷有碧梧甚古。枝半朽。….

제2영 계곡을 베개 삼은 글방　枕溪文房(침계문방)

창 밝으니 방안의 첨축들 깨끗하고　窻明籤軸淨(창명첨축정)
수석이 도서에 비치네.　水石暎圖書(수석영도서)
정밀하게 생각하고 그에 따라서 편안하게 쉬니　精思隨偃仰(정사수언앙)
오묘한 작용이 천지조화에 드네.　竗契入鳶魚(묘계입연어)[47]

도 2-1 | 사진 2-1

도 2-1. [소쇄원도]의 「광풍각(光風閣)」
사진 2-1. 광풍각을 바라보며

맑은 계곡을 베개 삼아 세워진 글방의 깨끗함과 계곡의 맑음이 도서에 비쳐 오묘한 천지자연의 조화를 터득하고 있음을 노래하고 있다.

제목의 '침계(枕溪)'는 건물이 시냇가에 위치하여 마치 시내를 베고 있는 듯 한 모양을 이르는 것이며, '문방(文房)'은 서재(글방)를 뜻한다.

---

47 枕(베개 침) 溪(시내 계, 계곡) 文房(문방: 서재, 글방. 글월 문, 방방.) 窻(창 창) 明(밝을 명) 籤軸(첨축: 서첨과 서축. 서첨은 책 겉장에 붙이는 표제 또는 그 표제를 적은 종이, 서축은 글씨를 적은 족자. 제비 첨, 두루마리 축) 淨(깨끗할 정) 水石(수석: 물과 돌. 물 수, 돌 석) 暎(비칠 영) 圖書(도서: 그림과 글. 그림 도, 글 서) 精(정미할 정) 思(생각 사) 隨(따를 수) 偃仰(언앙: 누웠다 일어났다 한다는 뜻으로 기거를 자기 마음대로 함을 이르는 말. 누울 언, 우러를 앙) 竗(묘할 묘) 契(합할 계) 入(들 입) 鳶魚(연어, 鳶飛魚躍(연비어약)의 준말. 천지조화의 작용이 오묘함을 이름. 솔개 연, 물고기 어).

제4구의 연어(鳶魚)는 [시경]의 '한록'에 나오는 '솔개는 날아 하늘에 이르는데, 물고기는 못에서 뛰어논다.'[48]라는 '연비어약(鳶飛魚躍)'의 준말로 '하늘에 솔개가 날고 물속에 물고기가 뛰어노는 것이 자연스럽고 조화로운데, 이는 솔개와 물고기가 저마다 나름대로의 타고난 길을 가기 때문이다.'라는 뜻으로, 만물이 저마다의 법칙에 따라 자연스럽게 살아가면, 전체적으로 천지의 조화를 이루게 되는 것이 자연의 오묘한 도임을 말하고 있다. [중용장구] 제12장에는 '상하에 이치가 밝게 드러남을 말한 것이다.(言其上下察也.)'[49]라고 하였다. 제3구와 4구는 소쇄공의 학문이 그러하다고 소개하고 있다.[50]

[소쇄원도]의「광풍각(光風閣)」에 해당하는 곳이다.(도 2-1) [소쇄원48영]에는 '광풍각'이라는 명칭은 나타나지 않는다. [유서석록]에 '작은 폭포의 서쪽에 작은 재(小齋)가 있는데, 완연히 화방(畵舫)과 같다.'[51]라 기록하여, 광풍각을 '소재(小齋)'라 표현하며 '화방'과 같은 것이라고 하고 있다. 화방은 용이나 봉황 따위로 꾸미고 그림을 그려 곱게 단청(丹靑)한 화려한 유람선을 말한다.

'광풍(光風)'이라는 명칭은 [소쇄원48영]에는 보이지 않고, 양천운(梁千運)의 '소쇄원 계당 중수 상량문'(1614)에서 보인다. 그 주(原註)에 '침계문방(枕溪文房) 또는 광풍각(光風閣)이 1597년(丁酉)에 병화로 불탔으므로 1614년 4월(甲寅四月)에 중수(重修)하였다.'라고 하였으며, '광풍

48 詩經 旱麓, … 鳶飛戾天 魚躍于淵 ….

49 中庸章句, … 詩云 鳶飛戾天 魚躍于淵 言其上下察也.

50 이민서, 앞의 글, … 선생의 학문은 [소학]을 독실히 믿고 사서오경(四書五經)에까지 미쳤는데, 특히 [주역]의 강유(剛柔 음양(陰陽))·변화(變化)·소장(消長)·왕래(往來)의 상(象)에 힘을 쏟아 깊이 깨달았으니, 하서의 이른바 '정밀한 생각이 생활에 따르니, 오묘한 깨달음 연어에까지 미치네.'라는 것이 실로 그러하다. … (… 先生之學。篤信小學。傍及於四書五經。尤用力於易之剛柔變化。消長往來之象。深有契焉。河西所謂精思隨偃仰。妙契入鳶魚者。信矣哉。…)

51 고경명(1574), 앞의 글, … 小瀑之西有小齋 宛如畫舫….

이라는 작은 집을 짓고(結光風之小檻)'[52]라고 기록한 것으로 보아, '광풍각(光風閣)'이라는 명칭은 [소쇄원48영]이 지어진 이후의 어느 시기, 즉 소쇄원 조영 후 어느 정도의 시간이 경과된 후에 붙여진 이름임을 알 수 있다.

현재 '광풍각(光風閣)'은 소쇄원의 중심부를 흐르는 계류에 면하여 세워진 정면3칸 측면1칸 전후퇴의 팔작지붕 건물로(사진 2-1), 이곳에서는 소쇄원의 중앙을 흐르는 계류와 폭포, 계류를 사이에 두고 맞은편에 조영된 상하지(上·下池)와 그 사이의 '수대(水碓)'를 조망할 수 있는 위치에 있다.(사진 3-2, 사진 3-4, 사진 7-2, 사진 8-1) 이 정원을 폭넓게 조망할 수 있는 최적의 조망점 중 하나이다.

52 양천운(1614), 앞의 글, 瀟灑園事實 卷之四 十六, … 卽枕溪文房又光風閣 萬曆丁酉 爲兵燹所焚 甲寅四月重修 …, … 結光風之小檻 ….

제3영 가파른 바위에 펼쳐 흐르는 물 危巖展流(위암전류)

계곡의 흐르는 물 바위를 씻어 내리니 溪流漱石來(계류수석래)
하나의 돌이 모든 골짜기에 가득하네. 一石通全壑(일석통전학)
흰 명주 같은 폭포는 가운데로 전개하여 흐르고 匹練展中間(필련전중간)
경사진 절벽은 하늘이 깎아놓은 바라. 傾崖天所削(경애천소삭)[53]

소쇄원 계곡의 암반 상에 흐르는 계곡의 흐름을 노래하며, 그 중간을 흐르는 폭포가 마치 한필의 하얀 베가 중간에 펼쳐진 것 같다고 노래하고 있다. 즉 소쇄원 북쪽의 '원규투류'를 이루는 담장을 통과한 물이 소쇄원의 전면·중앙의 소쇄원 계곡 전면을 이루는 너럭바위(一石) 위를 왼쪽(동)에서 오른쪽(서)으로 흐르는 계류의 모습을 표현한 노래이다.

[소쇄원도]에 의하면 담장 밑으로 흐르는 계곡물은 오곡을 이루며 「조담(槽潭)」과 「폭포(瀑)」를 이루고, 하나의 암반(사진 3-4)으로 이루어진 계곡을 사이에 두고 우안에 「광석(廣石)」, 「상암(床岩)」, 「석가산(石假山)」이, 좌안에 「탑암(榻巖)」 등이 있다.(도 3-1) 이곳에의 이용이 빈번한 듯 출입을 위한 계단이 조성되어 있다(도 1, 도 25-1)

이들 계류 암반상의 요소에 대해서는, 제13영 광석와월(廣石臥月), 제16영 가산초수(假山草樹), 제19영 탑암정좌(榻巖靜坐), 제20영 옥추횡금(玉湫橫琴), 제22영 상암대기(床巖對棋), 제25영 조담방욕(槽潭放浴) 등에서 볼 수 있다.

현재 소쇄원 계곡의 바위 위를 흐르는 물의 양은 적고, 위 시에서 노래한 힘차게 쏟아져 내리는 폭포는 비온 후에만 감상할 수 있다.(사진

53 危(위태할 위) 巖(바위 암) 展(펼 전) 流(흐를 유) 漱(양치질할 수, 씻다) 來(올 래) 一(한 일) 通(통할 통) 全(모두 전) 壑(골짜기 학) 匹練(필련: 하얗게 바랜 한 필의 명주로서 폭포를 형용함. 필 필, 익힐 련) 中間(중간: 두 사물 사이. 가운데 중, 사이 간) 傾(기울 경) 崖(벼랑 애) 天(하늘 천) 所(바 소) 削(깎을 삭).

3-2, 사진 3-3) 소쇄원의 중심 요소 중의 하나인 계곡이 원형을 찾을 수 있도록 수원의 확보에 유의해야 할 것이다. 아울러 자연의 계류를 선택하여 조성한 많은 전통정원에서 수원의 고갈은 정원의 원형을 찾고 유지하는데 큰 문제점이 되고 있어 이에 대한 대책이 필요하다.

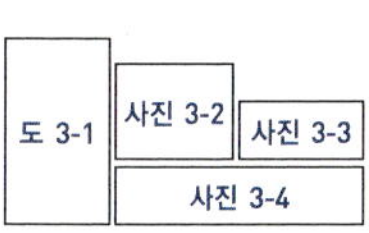

도 3-1. [소쇄원도]의 계류

사진 3-2. 바위를 타고 가운데로 흐르는 폭포
: 흰 베가 펼쳐진 듯한 폭포의 광경은 현재 비온 뒤에만 볼 수 있다.

사진 3-3. 바위를 타고 흐르는 물

사진 3-4. 소쇄원의 계곡: 하나의 돌

제4영 산을 등에 지고 있는 자라바위 負山鼇巖(부산오암)

등에 지고 있는 청산이 무거우니	背負青山重(배부청산중)
(오암의)머리를 돌아 푸른 옥 같은 물이 흐르네.	頭回碧玉流(두회벽옥류)
긴 세월 동안 어찌 기쁘지 아니 하리요	長年安不抃(장년안불변)
대와 각이 영주 보다 낫구나.	臺閣勝瀛州(대각승영주)[54]

도 4-1	사진 4-1
사진 4-2	사진 4-3

도 4-1. [소쇄원도]의 「오암(鼇巖)」
사진 4-1. 오암의 현황
사진 4-2. 담장 밖으로 이어진 바위·오암
사진 4-3. 광한루의 돌자라 '석오(石鼇)'

54 負(질 부) 山(뫼산) 鼇(자라 오) 背(등 배) 靑(푸를 청) 重(무거울 중) 頭(머리 두) 回(돌 회) 碧(푸를 벽) 玉(구슬 옥) 長年(장년: 늙은이. 오래 삶. 긴 장, 해 년) 安(편안할 안) 不(아니 불) 抃(손뼉 칠 변, 즐거워하다) 臺(대 대) 閣(집 각) 勝(나을 승) 瀛州(영주: 봉래(蓬萊), 방장(方丈) 등과 함께 전설상 삼신산(三神山)으로 일컫는 신선세계의 하나. [列子]四曰瀛州…所居之人皆仙).

자라바위가 산을 이고 있는 이곳이 신선이 사는 영주보다 낫다고 노래하고 있다.

'오암(鼇巖)'은 산을 등에 지고 있는 자라 바위로, 자라는 전설상의 오산(五山)을 떠받치고 있는 동물을 이르는 것이다. [열자(列子)] '탕문(湯問)'[55]에 의하면 '발해의 동쪽으로 몇 억만 리 보다 더 떨어져 있는 곳의 헤아릴 수 없이 큰 골짜기에 신선(神仙)과 성인(聖人)의 무리가 사는 대여(岱輿), 원교(員嶠), 방호(方壺), 영주(瀛洲), 봉래(蓬萊)의 오산(五山)이 있었다. 이 오산은 큰 자라(金鼇: 巨鼇) 열다섯 마리가 머리에 이고 있었으나 여섯 마리가 용백국(龍伯國) 거인에게 잡혀 먹히는 바람에 대여와 원교는 북극으로 흘러가 대해에 잠겨 버렸고, 3개의 산만이 남았다.'고 한다. 신선이 사는 삼신산은 자라가 이고 있음을 알 수 있다. 이곳 소쇄원이 자라가 지고 있는 신선세계임을 표현하고 있다. 그리고 거듭하여 제4구에서 '대와 각이 영주 보다 뛰어나다.'고 한 것을 보면, 소쇄원이 신선이 사는 삼신산 중의 하나인 영주 보다 낫다고 은근히 자랑하고 있음을 알 수 있다.

[소쇄원도]에는 「오곡문(五曲門)」 위쪽에 「오암(鼇巖)」이라 기록하고 있다.(도 4-1) [소쇄원도]에 표기된 '오암'의 위치는 '오곡문'의 북쪽에 해당하는 경사면으로, 담장 안쪽 아래에 해당한다.(사진 4-1) 현재 거대한 바위 위에 담장이 축조되어 있으며, 이 바위는 담장 밖으로 계속 이어지고 있고, 일부는 계곡으로 연결되고 있다.(사진 4-2) 산을 등에 지고 있는 자라바위에 해당하는 부분으로 추측된다.

참고로 '남원 광한루'의 '광한루' 앞에 '방장정'을 향하고 있는 돌자라 '석오(石鼇)'가 있다.(사진 4-3)

55 신동준(2009), 열자론, 인간사랑, 217~219쪽.

제5영 돌길을 더위잡아 오르다.　　石逕攀危(석경반위)

한 좁은 길에 삼익이 이어지고	一逕連三益(일경연삼익)
한가하게 더위잡으니 위험은 보이지 않네.	攀閑不見危(반한불견위)
속세의 발걸음 원래 저절로 끊어지니	塵蹝元自絶(진사원자절)
이끼색은 밟혀도 도리어 푸르름 더해지네.	苔色踐還滋(태색천환자)[56]

매화, 대나무, 돌이 이어진 좁은 돌길을 한가하게 오르며, 속세와의 인연이 저절로 끊긴 푸르른 이끼를 노래하고 있다.

제1구의 '삼익(三益)'은 소식의 시 '문여가의 매석죽을 찬하다.'에서 노래하고 있는 매화, 대나무, 돌을 말한다. 좁은 길이지만 매화, 대나무, 돌의 세 벗이 있으니 위험하지 않고 한가하게 오를 수 있다고 노래하고 있다.

문여가의 매석죽을 찬하다(贊文與可 梅石竹)

_소식(蘇軾, 1036~1101)

매화는 차갑지만 빼어나고	梅寒而秀(매한이수)
대나무는 깡마르지만 장수하고	竹瘦而壽(죽수이수)
돌은 못생겼지만 문채가 있으니	石醜而文(석추이문)
이는 삼익의 벗이다.	是爲三益之友(시위삼익지우)

56 石逕(석경: 돌이 많은 좁은 길. 또는 돌이 많은 산길. 좁은 길 경) 攀(더위잡을 반, 높은 곳에 오르려고 무엇을 끌어 잡다.) 連(이을 련) 三(석 삼) 益(더할 익) 攀閑(반한: 한가로움을 잡는다. 한가할 한) 不(아니 불) 見(볼 견) 塵(티끌 진, 속세) 蹝(천천히 걸을 사) 元(으뜸 원, 원래) 自(스스로 자) 絶(끊어질 절) 苔(이끼 태) 色(빛 색) 踐(밟을 천) 還(도리어 환) 滋(더할 자).

소동파가 북송 때의 문인화가인 문여가(文與可, ?~1079)의 그림 매석죽(梅石竹)을 찬(贊)한 것으로, 매화·대나무·돌을 세 가지 유익한 벗(三益友)으로 들고 있다. 공자는 삼익우(三益友)로 정직한 사람, 성실(誠實)한 사람, 들음이 많은 사람(多聞)을 벗한다 하였으며[57], 고산은 오우가(五友歌)에서 수석(水石)과 송죽(松竹) 그리고 동산의 달(月)을 벗한다고 하였다.

오우가(五友歌)[58]

_고산(孤山) 윤선도(尹善道, 1587~1671)

내 벗이 몇인가 하니 수석(水石)과 송죽(松竹)이라
동산(東山)에 달 떠오르니 그 모습 더욱 반갑구나
두어라 이 다섯 외에 또 더하여 무엇하리.

구름 빛이 좋다지만 자주 검어지고
바람 소리 맑다지만 그치는 때가 많노라
깨끗하고도 그치는 때가 없는 것은 물뿐인가 하노라. - 물(水) -

꽃은 무슨 일로 피었다가 쉽게 지고
풀은 어이하여 푸른 듯했다가 누레지는지
아마도 변치 않을 것은 바위뿐인가 하노라. - 돌(石) -

따뜻해지면 꽃 피고 추우면 잎 지거늘
솔아 너는 어찌하여 눈이며 서리를 모르느냐

---

57 공자, 論語 季氏第十六.

58 윤선도, 오우가(五友歌), 산중신곡〔山中新曲〕, 고산유고 제6권 하 별집, 가사(歌辭). 한국고전번역원, 이승현 (역), 2015.

깊은 땅속까지 뿌리 곧게 뻗어 있음을 이로 인해 알겠노라. - 솔(松) -

나무도 아니고 풀도 아닌 것이
누가 곧게 자라게 한 것이며 속은 어이하여 비었는가
저러고도 사시사철 푸르니 그것을 좋아하노라. - 대(竹) -

작은 것이 높이 떠서 만물을 다 비추니
밤중에 광명이 너보다 더한 것 또 있느냐
보고도 말을 하지 않으니 내 벗인가 하노라. - 달(月) -

제6영 작은 못에 물고기 헤엄치고 小塘魚泳(소당어영)

네모진 못은 한 이랑도 되지 못하나	方塘未一畝(방당미일무)
애오라지 맑고 잔잔한 물결 모으기에 넉넉하네.	聊足貯淸漪(요족저청의)
(소당의)물고기가 주인의 그림자를 희롱하니	魚戲主人影(어희주인영)
무심하게 낚싯줄 드리움이라.	無心垂釣絲(무심수조사)[59]

도 6-1	사진 6-1
사진 6-2	사진 6-3

도 6-1. [소쇄원도]의 「소당(小塘)」
사진 6-1. 대봉대와 소당1
사진 6-2. 대봉대와 소당2
사진 6-3. 대봉대에서 소당

59 塘(못 당) 魚(물고기 어) 泳(헤엄칠 영) 方(모 방) 未(아닐 미) 畝(이랑 묘) 聊(애오라지 료) 足(족할 족) 貯(모을 저) 淸漪(청의: 맑고 잔잔한 물결. 맑을 청, 잔물결 의) 魚戲(어희: 물고기가 흥이 나서 노는 것, 희롱할 희) 主(주인 주) 人(사람 인) 影(그림자 영) 無心(무심: 아무런 생각이나 감정이 없음. 없을 무, 마음 심) 垂(드리울 수) 釣(낚시 조) 絲(실 사).

한 이랑도 되지 않는 작은 못에 물고기가 헤엄치며 노는데 주인은 무심히 낚싯줄 드리운다고 노래하고 있다.

제3구에서 소당의 물고기가 주인의 그림자를 희롱한다고 하였는데, 하서는 또 다른 시 '소쇄정운'에서는 '못의 물고기는 일찍이 내 얼굴을 알고 있다.'[60]고 하며, 소쇄원과의 친밀함을 노래하고 있다. [유서석록]에 '정자 아래에 조그만 못(小池)을 파고, 나무를 판 홈통(刳木)으로 산골짜기의 물을 끌어다 대었으며, 못 서쪽에는 거대하고 빼어난 대나무 백 여 그루가 옥과 같이 훌륭하게 서 있어 감상할 만하다.'[61]고 적고 있다. 현황과는 다른 모습이다.

[소쇄원도]에는 「소정(小亭)」 옆에 네모난 못이 있는데 그 안에 「소당(小塘)」이라 적고 물고기가 그려져 있다.(도 6-1)

현재 계곡에서 나무홈통으로 끌어들인 물이 '대봉대' 바로 옆·아래에 있는 작은 못(소당)으로 흘러든다.(사진 6-1, 사진 6-2) 못의 규모는 3.3m×3.1m의 방지이다.(사진 6-3)

---

60 김인후, 瀟灑亭韻, 河西先生全集 卷之九 五言律詩, … 池魚曾識面….

61 고경명(1574), 앞의 글, … 亭下鑿小池。刳木引澗水注之。池西有鉅竹百挺。玉立可賞。….

제7영 나무를 쪼개 물을 흐르게 하다. 刳木通流(고목통류)

구불구불 (홈을 타고) 천맥을 통하니	委曲通泉脉(위곡통천맥)
높고 낮은 곳의 대나무 아래 못으로 흘러내리네.	高低竹下池(고저죽하지)
날듯이 흐르는 물 물방아에 나뉘어 흐르고	飛流分水碓(비류분수대)
(물속의) 물고기와 가재 등이 흩어져 노네.	鱗甲細參差(인갑세참치)[62]

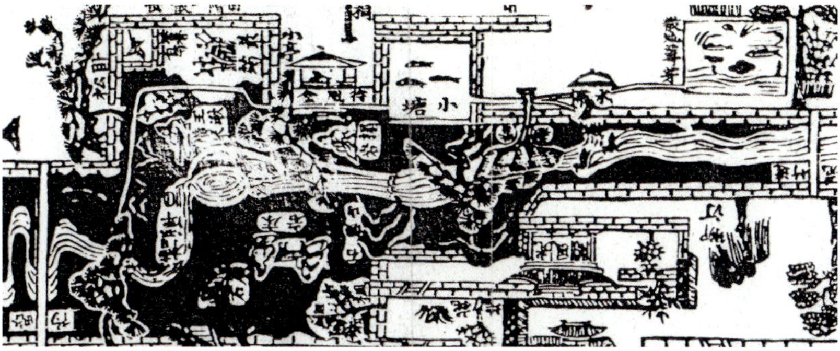

도 7-2

사진 7-2

도 7-2 [소쇄원도]의 '고목(刳木)'
: '고목(刳木)'이라는 명시 없이 'ㄱ'자 모양으로 표현하고 있다.

사진 7-2 소쇄원 못에의 입수
: 암반에서 고목으로 소당과 그 아래 못에 물을 대고 있다.

62 刳木(고목: 나무에 홈통을 파서 만든 홈통나무. 가를 고, 나무 목) 委(맡을 위) 曲(굽을 곡) 泉脉(천맥: 지하에 흐르는 물줄기. 샘 천, 혈맥 맥) 高低(고저: 높고 낮음. 높을 고, 낮을 저) 竹(대 죽) 下(아래 하) 池(못 지) 飛流(비류: 세차게 흐르는 것. 또는 폭포. 날 비) 分(나눌 분) 水碓(수대: 물방아. 방아 대) 鱗甲(인갑: 비늘과 껍데기. 물고기와 조개 종류를 함께 이름. 비늘 인(물고기), 조가비 갑) 參差(참치: 길고 짧고 하거나 들쭉날쭉하여 같지 않다. 참여할 참, 어긋날 차(치)).

나무에 홈을 파서 만든 홈통을 타고 흘려보내어진 샘물(천맥)이 대나무 아래 못을 채우고 물방아도 돌리며, 물속의 물고기도 기르고 있다고 노래하고 있다. 고목으로 이끈 물의 흐름을 노래하고 있다.

[유서석록]에 '정자 아래에 조그만 못(小池)을 파고, 나무를 판 홈통(刳木)으로 산골짜기의 물을 끌어다 대었으며 …'[63] 라고 하고, [소쇄원도]에는 암반을 흐르는 본류를 「조담」과 「약작」 사이에서 나무홈통(고목(刳木))으로 물을 끌어들여 「와송」 앞을 지나 'ㄱ'자 모양으로 꺾어, 「총균」, 「모조」 앞을 지나 직선으로 「대봉대(待鳳臺)」 아래를 지나 그 옆의 「소당(小塘)」을 채우고 물레방아(「수대(水碓)」)를 돌리고, 아래의 못(下池)에 이르고 있는 모습이 그려져 있다.(도 7-2) 소쇄원의 못에 물을 도입하는 방법(고목통류)을 매우 구체적으로 표현하여 보여주고 있다.

사진 7-3 | 사진 7-4 | 사진 7-5

사진 7-3. 암반상에 고목을 대어 소당에 물을 대고 있다.
사진 7-4. 암반과 소당을 연결하는 고목: 상세
사진 7-5. 소당에서 아래 못으로 연결되는 물길

63 고경명(1574), 앞의 글, … 亭下鑿小池。刳木引澗水注之。….

현재는 [소쇄원도]의 표현과 다르게 암반의 본류에서 직선으로 대봉대 앞으로 나무 홈통(刳木)을 대고 있는 모습을 볼 수 있다.(사진 7-2, 사진 7-3, 사진 7-4) 또한 [유서석록]에 대나무 아래 못으로 흘러내린다고 하였으나, 현황으로 보면 소당과 아래 못 사이에 대나무 식재는 볼 수 없다.(사진 7-5)

소쇄원의 고목통류와 유사한 방법으로, 정원에 물을 끌어들이고 있는 사례는 보길도 윤선도 원림(사진 7-6), 강진 다산초당(사진 7-7), 화순 임대정 등에서 볼 수 있다. 부용동원림에 대한 기록인 [보길도지(甫吉島識)]에 '비래폭(飛来瀑)' 또는 '비구(飛溝)'라 기록하고 있다.

사진 7-6 사진 7-7

사진 7-6. 보길도 윤선도 원림(곡수당)의 복원된 비구
사진 7-7. 강진 다산초당의 비구
: 지하에서 샘솟는 물을 나무 홈통을 이용하여 연지석가산에 대고 있다. 경사면에서 끌어온 관계로 결과적으로 '비래폭'도 연출하고 있다.

제8영 구름을 방아 찧는 물방아 春雲水碓(용운수대)

온종일 졸졸 흐르는 물의 힘으로 永日潺湲力(영일잔원력)
방아 찧어 옴으로 저절로 공을 봄이라. 舂來自見功(용래자견공)
천손이 베틀 위에 하얀 비단을 짜듯 天孫機上錦(천손기상금)
방아 찧는 소리 가운데 펴기도 하고 말기도 하는 듯 하다. 舒卷擣聲中(서권도성중)[64]

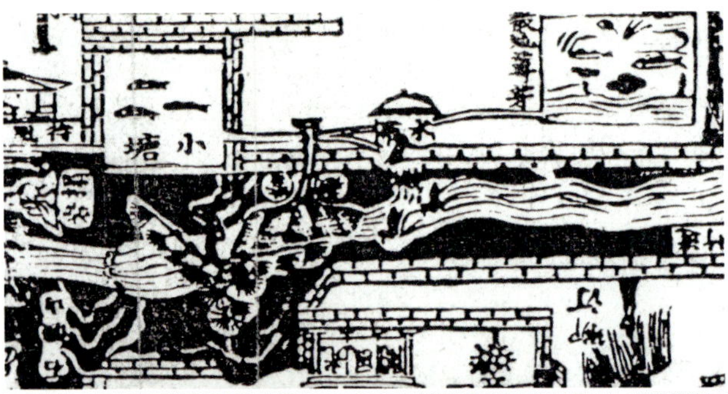

도 8-1 도 8-1. [소쇄원도]의 「수대(水碓)」
사진 8-1 사진 8-1. 광풍각에서 소당과 아래 못 사이의 수대 추정 위치를 바라보다.

64 舂雲(용운: 구름을 두고 절구질하는 듯 하는 모양. 절구질할 용, 구름 운) 永日(영일: 아침부터 늦게까지 긴 날. 길 영, 날 일) 潺湲(잔원: 물이 줄줄 흐르는 모양, 조용하고 잔잔함. 졸졸 흐를 잔, 물 흐를 원) 力(힘 력) 功(일 공) 天孫(천손: 직녀성을 달리 이르는 말. 손자 손) 機(베틀 기) 上(위 상) 錦(비단 금) 舒(펼 서) 卷(문서 권) 擣(찧을 도) 聲(소리 성).

졸졸 흐르는 물의 힘으로 돌아가는 물레방아는 직녀가 비단을 짜는 듯 하다고 노래하고 있다.

[유서석록]에 '대나무 서쪽에는 연지(蓮池)가 있는데, 돌로 쌓고 시냇물을 끌어들여 꾸며 작은 못(小池)을 이루었다. 죽림 아래를 경유하여 연지의 북쪽을 지나니 또 수대 한 채가 있다. 보는 것이 모두 맑고 깨끗한 일 아님이 없었다.'[65]라고 기록하고 있는데, 이는 다음에 설명하는 [소쇄원도]에 보이는 수대의 위치와 다르다.

[소쇄원도]에는 「소당(小塘)」이라 적힌 상지(上池)와 그 아래에 있는 못 사이에 지붕을 그리고 그 아래에 「수대(水碓)」 즉 '물레방아'라고 적고 있다.(도 8-1). 조금 더 상세히 그림을 들여다보면, 소당과 물레방아 사이에서 물길이 두 갈래로 나뉘고 있는 것을 볼 수 있다. 이것을 보면 물길의 일부는 물레방아를 돌리고 하지로 들어가고, 일부는 물레방아 전면에서 계곡으로 흘려보내 폭포가 되어 떨어지도록 한 것이라고 추측된다. 이 수대의 위치는 광풍각 전면 계곡 맞은편에 해당하는 곳으로, 광풍각에서는 물레방아에서 흩날리는 물보라와 폭포가 절경을 이루었을 것으로 생각된다.(사진 8-1)

현재 '수대'는 존재하지 않는다.

---

65 고경명(1574), 앞의 글, … 竹西有蓮池。甃以石引。小池。由竹下過蓮池之北。又有水碓一區。所見無非瀟灑物事。….

제9영 대숲으로 통하는 위태로운 다리　　透竹危橋(투죽위교)

골짜기에 걸쳐서 긴 대나무 숲 통하게 하니	架壑穿脩竹(가학천수죽)
위태로움에 임함이 하늘에 떠 있고자 하는 것과 같네.	臨危似欲浮(임위사욕부)
숲 속의 못 원래 빼어난 승경이지만	林塘元自勝(임당원자승)
이것을 얻으니 더욱 맑고 그윽하네.	得此更淸幽(득차경청유)[66]

도 9-1 | 사진 9-1

도 9-1. [소쇄원도]의 「투죽위교(透竹危橋)」
사진 9-1. 투죽위교

66 透(통할 투) 橋(다리 교) 架(시렁 가) 穿(뚫을 천) 脩竹(수죽: 가늘고 긴 대. 길 수) 臨(임할 임) 似(닮을 사) 欲(하고자 할 욕) 浮(뜰 부) 林(수풀 림) 自勝(자승: 자기(自己)가 남보다 나은 줄로만 여김, 자기(自己)의 욕망(慾望)을 억누름) 得(얻을 득) 此(이 차) 更(더욱 경) 淸幽(청유: 속세와 떨어진 조촐하고 고요한 곳. 그윽할 유).

대숲 골짜기에 걸쳐 놓은 하늘에 떠 있는 듯한 다리가 소쇄원의 풍경을 더욱 더 그윽하게 하고 있다고 노래하고 있다.

[소쇄원도]에 소쇄원을 흐르는 계곡의 하류에 계류를 건너는 다리가 있고 「투죽위교(透竹危橋)」라 적고 있다.(도 9-1) 하지 아래의 '협로수황'을 통과하여 이 다리를 지나면 「유정(柳亭)」을 지나, 「광풍각(光風閣)」과 「제월당(霽月堂)」 등에 단거리로 진입할 수 있다.

현재, 입구의 대숲을 들어와 계곡 건너 왼쪽, 즉 광풍각의 오른쪽 계곡에 연하여 다리가 걸쳐 있다.(사진 9-1)

제10영 대숲에 울리는 바람 千竿風響(천간풍향)

(대숲 바람소리)이미 하늘 가 저 멀리 사라졌다가 已向空邊滅(이향공변멸)
다시 고요한 곳으로 좇아서 불어오네. 還從靜處呼(환종정처호)
정이 없는 바람과 대나무는 無情風與竹(무정풍여죽)
밤낮으로 생황과 피리 연주하네. 日夕奏笙竽(일석주생우)[67]

대숲에 울리는 바람소리를 생황을 연주하는 것으로 노래하고 있다.

제4구의 생황과 피리 연주는, [예기(禮記)]에 '대로 만든 관악기의 소리는 거둬들이는 힘이 있으니, 거둬들이는 소리는 사람을 모을 수 있고, 사람을 모아 민중을 단결시킬 수 있다. 그래서 군자는 우(竽)·생(笙)·소(簫)·관(管)의 소리를 들으면 민중을 모아 기르는 신하를 생각하게 된다.'[68] 라는 구절에서 연유하여 표현한 것으로 생각된다.

[소쇄원도]에는「제월당」왼쪽,「매대」끝의 담 뒤쪽에 대나무를 표현하고「천간(千竿)」이라고 적고 있다.(도 10-1) 시구의 내용과 [소쇄원도]의 표기 위치로 보아 제월당 가까이에 대숲 즉 '천간'이 있었으며, 이곳에서 들리는 바람 소리의 운치는 생황소리와 같았던 모양이다.

현재 제월당 왼쪽의 '천간'에 해당하는 곳에서 죽림은 볼 수 없다.(사진 10-1, 사진 12-2)

그 밖에 [소쇄원48영]에서 대나무를 읊고 있는 것은 제29영 협로수황(夾路脩篁), 제30영 병석죽근(迸石竹根), 제32영 총균모조(叢筠暮鳥)

67 千竿(천간: 수많은 대나무가지, 즉 대나무 숲을 말한다. 일천 천, 장대 간) 風(바람 풍) 響(울림 향) 已(이미 이) 向(향할 향) 空(하늘 공) 邊(가 변) 滅(사라질 멸) 從(좇을 종) 靜(고요할 정) 處(곳 처) 呼(부를 호) 無情(무정: 정이 없음. 뜻 정) 與(더불 여) 日夕(일석: 저녁. 해가 질 무렵부터 밤이 되기까지의 사이. 날 일, 저녁 석) 奏(연주할 주) 笙竽(생우: 아악에 쓰는 대나무로 만든 관악기. 생황 생, 피리 우).

68 禮記 樂記 第十九, … 竹聲濫 濫以立會 會以聚衆 君子聽竽笙簫管之聲則思畜聚之臣 ….

등이다. 천간, 수황, 총균 등 대나무를 구별하여 노래하고 있어 다양한 종류의 대나무가 있었음을 알 수 있다.

도 10-1 도 10-1. [소쇄원도]의 「천간(千竿)」

사진 10-1 사진 10-1. 소쇄원의 '천간': 제월당 왼쪽 매대 뒤

제11영 못 가 대에서 더위를 식히며 池臺納凉(지대납량)

남쪽 고을은 무더위로 괴로워하는데
이곳은 홀로 서늘한 가을 차지했네.
바람은 대 옆의 대나무를 움직이고
못 물은 바위 위에 나뉘어 흐르네.

南州炎熱苦(남주염열고)
獨此占凉秋(독차점량추)
風動臺邊竹(풍동대변죽)
池分石上流(지분석상류)[69]

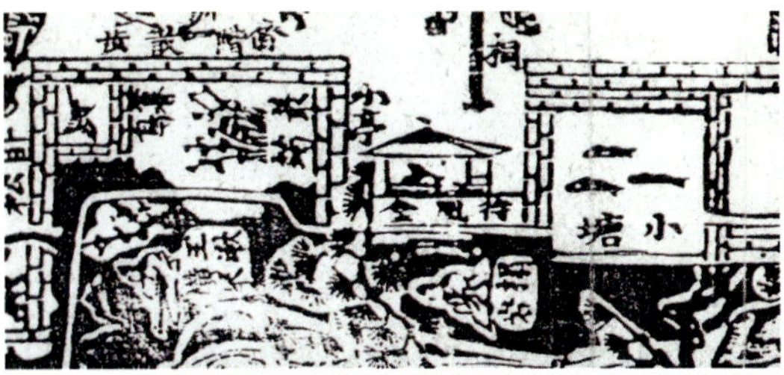

도 11-2	사진 11-3
사진 11-2	사진 11-4

도 11-2. [소쇄원도]의 못가의 대·「대봉대」
사진 11-2. 못가의 대·대봉대
사진 11-3. 대봉대 옆의 대나무: 총균모조의 총균 부분
사진 11-4. (대봉대에서 본) 바위 위에서 나뉘어 흐르는 물

[69] 納凉(납량: 더위를 식힘. 바칠 납, 서늘할 량) 南(남녘 남) 州(고을 주) 炎熱(염열: 몹시 심한 더위. 불꽃 염, 더울 열) 苦(쓸 고, 괴로워하다.) 獨(홀로 독) 占(차지할 점) 秋(가을 추) 動(움직일 동)

못 가에 있는 대 즉 「대봉대(待鳳臺)」에서 더위를 식히며 노래한 시구이다. 무더운 여름에도 소쇄원은 가을처럼 시원하다고 노래하고 있다. 못 옆에 있는 대봉대에서 대나무를 움직이는 상쾌한 바람을 맞이하며, 바위 위에 나뉘어 흐르는 물을 조망하고 있다. 더위를 피하는 최적의 장소인 것이다.

[소쇄원도]에는 「대봉대」 왼쪽에 「소당(小塘)」, 오른쪽에 대나무·「총균(叢筠)」이 보이며, 전면에 계곡이 펼쳐 있다.(도 11-2)

현재 대봉대 좌우에 '소당'과 '총균'이 있으며(사진 7-2, 사진 11-2, 사진 11-3), 바위 위에서 나뉘어 흐르는 물도 볼 수 있다.(사진 11-4)

제12영 매대에서 달맞이 梅臺邀月(매대요월)

숲 끝난 곳에 매대도 따라 환히 트이니
치우치게 달 떠오를 때에 더욱 좋더라.
가장 사랑스러운 것은, 구름도 흩어져 다해서
차가운 밤에 얼음 자태가 비추는 것이라.

林斷臺仍豁(임단대잉활)
偏宜月上時(편의월상시)
最憐雲散盡(최련운산진)
寒夜暎氷姿(한야영빙자)[70]

도 12-1 | 사진 12-1 | 사진 12-2 | 사진 12-3

도 12-1. [소쇄원도]의 「매대(梅臺)」
사진 12-1. 소쇄원의 '매대'
사진 12-2. 소쇄원의 '매대': 측면
사진 12-3. 소쇄원의 '매대': 측면 2009년

70 梅(매화나무 매) 邀(맞이할 요) 月(달 월) 斷(끊을 단) 仍(인할 잉) 豁(뚫릴 활) 偏(치우칠 편) 宜(마땅할 의) 時(때 시) 最(가장 최) 憐(불쌍히 여길 연, 어여삐 여기다) 散(흩을 산) 盡(다할 진) 寒(찰 한) 夜(밤 야) 氷姿(빙자: 얼음처럼 맑고 깨끗한 모습. 매화의 이칭. 얼음 빙, 모양 자).

사진 12-4	사진 12-5
	사진 12-6

사진 12-4. '매대'의 고사한 측백: 2009년
사진 12-5. '매대' 담장의 글씨: 소쇄처사양공지려(瀟灑處士梁公之慮)
사진 12-6. 우암의 글씨 '소쇄원(瀟灑園)': 대봉대 아래

숲 끝난 곳·경사진 곳에 화계(花階)를 만들어 매화를 심고 '매대(梅臺)'라 명명하고 그곳에서 달맞이를 하며 차가운 밤에 달빛에 비추는 얼음 자태(빙자: 매화의 별칭)를 가장 사랑스러운 모습이라 노래하고 있다. 매대의 위치적 특성과 그곳에서 달빛에 비추는 매화의 자태를 감상하고 있음을 알 수 있다.

제1구와 제2구에서 경사지고 환하게 트인 매대의 위치가 달맞이하기에 좋다고 노래하고, 제3구와 제4구에서 달빛에 비추는 매화나무의 자태를 '빙자(氷姿)'라 일컫고 있다. '빙자(氷姿)'는 매화나무를 가리키는 것으로 소식의 시에서 볼 수 있다.

서강월 매(西江月 梅)

_소식(蘇軾, 1037~1101)

뼈가 옥 같으니 어찌 습한 기운을 근심하랴.	玉骨那愁瘴霧(옥골나수장무)
자태가 얼음 같으니 절로 신선의 기풍이 있도다.	氷姿自有仙風(빙자자유선풍)

(하략)

소동파가 1096년(60세)에 사랑하는 시첩(侍妾) 왕조운(王朝雲)을 잃고, 매화의 모습과 조운의 자태를 동시에 빗대어 지은 것으로, 이후 '옥골(玉骨)'과 '빙자(氷姿)'는 매화의 별칭이 되었다. 그 밖에 매화에 대한 별칭은 다양하다.

[소쇄원도]에는 「제월당(霽月堂)」과 「괴석(槐石)」 사이에 「매대(梅臺)」라고 기록하고 있다.(도 12-1) 담장으로 구획하고 그 전면을 이루는 공간의 상단에 「매대」, 매화나무 2그루, 2그루의 매화나무 사이에 측백나무 1그루가 그려져 있고, 하단에는 「난(蘭)」과 매화나무 1그루가 그려져 있다.

매대의 현황을 보면, 이 '매대' 부분은 제월당 왼쪽 경사지를 화계(花階)로서 조성한 것으로(사진 12-2), 윗부분의 2개의 단은 매대로, 아랫부분의 2개의 단은 통로로 이용되고 있다.(사진 12-1, 사진 17-3) 매대를 이루는 윗부분의 2단을 보면, 그 길이 약 16m이며, 상단은 높이 약 1.3m, 너비 약 1.6m이고, 하단은 높이 0.9m, 너비 2.0m의 규모를 보이고 있다. 2009년 당시와 달라진 축석법을 볼 수 있다.(사진 12-3)[71] 상단

71 매대의 화계 축석이 현재(사진 10-2)와 다름을 볼 수 있다. 金眞成(2009), 瀟灑園の

에는 제월당 쪽에 고목의 매화가 있으며, 소나무가 식재되어 있고, 하단에는 고사목 측백(사진 12-4)과 소나무, 철쭉이 있다. 「매대(梅臺)」의 담장에는 '소쇄처사양공지려(瀟灑處士梁公之廬)'라는 글씨가 있다.(사진 12-5) '벼슬하지 않고 초야에 은거한 선비 소쇄공 양산보의 집'이라는 뜻이다. [소쇄원도]에는 명시되어 있지 않다.(도 12-1) 소쇄공 양산보의 5대손인 양택지(梁擇之, 1650～?)가 '광풍각(光風閣)'·'제월당(霽月堂)'과 함께 우암(尤庵) 송시열(宋時烈, 1607～1689)[72]에게서 받은 글씨라고 전한다고 한다.[73] 또 양진태의 '소쇄원'이라는 시의 제목 주(註)에 '우암 선생의 친필이 있어 폭류암(瀑流巖)의 남쪽에 다시 새겼다.'[74]라고 적고 있다. 대봉대 아래의 바위에 새겨진 '소쇄원(瀟灑園)'이라는 각자(사진 12-6)가 이것으로 생각된다. 소쇄원에는 우암이 쓴 글씨라고 전하는 편액 및 각자를 볼 수 있다. 매대 아래 부분의 계단상으로 조성한 2단은, 윗단은 제월당으로 아랫단은 광풍각으로의 통로로 이용하고 있다.(사진 17-3) 경사면을 계단상의 화단인 화계(花階)로 구성하는 한국정원의 특징과 원로구성의 명쾌함을 보여준다.

매화나무(梅, *Prunus mume* Siebold & Zucc.)는 장미과 낙엽활엽교목으로 난초, 국화, 대나무와 함께 사군자의 하나이다. 그 밖에 매화를 주제로 노래한 것으로 제28영 석부고매(石趺孤梅)가 있다.

空間構成と変遷に関する研究, 日本庭園學會20, 21～32쪽.

72 우암은 양산보와 그의 아들 자징의 행장을 지었다. 宋子大全隨箚卷之十, [隨箚], 二十五板○瀟灑翁 梁山甫。先生撰行狀 ; 宋子大全卷二百六, 行狀 鼓巖梁公行狀.

73 김덕진(2007), 앞의 책, 67쪽.

74 양진태, 瀟灑園 有尤庵先生手筆 復刻于瀑流巖南, 소쇄원사실 권지십삼 사 ; 양재영(1995), 앞의 책, 174쪽.

제13영 넓은 바위 달빛 아래 누워 廣石臥月(광석와월)

푸른 하늘 밝은 달 아래 드러내 누우니	露臥靑天月(노와청천월)
단정한 큰 바위는 대자리가 됐네.	端將石作筵(단장석작연)
긴 숲에 푸른 그림자 흩어지니	長林散靑影(장림산청영)
깊은 밤에 잠 이룰 수 없네.	深夜未能眠(심야미능면)[75]

도 13-1

사진 13-2

도 13-1. [소쇄원도]의 「광석(廣石)」: 글씨 위쪽에도 무엇인가 그려져 있다.

사진 13-2. 광석: 사진 왼쪽 중간 소나무 있는 곳에 [소쇄원도]에 보이는 계단이 있다.

75 廣石(광석: 넓은 바위. 넓을 광) 臥(누울 와) 露(드러날 노) 端(바를 단, 단정하다) 將(장수 장, 크다) 作(만들 작) 筵(대자리 연) 淸影(청영: 소나무나 대나무 등의 그림자를 운치 있게 이르는 말.) 深夜(심야: 깊은 밤. 깊을 심) 能(능할 능) 眠(잠잘 면).

달 밝은 밤 달빛 아래 바위에 누워, 소나무와 대나무 등으로 이루어진 우거진 숲의 아름다운 푸른 그림자에 잠 못 이루고 있음을 노래하고 있다. '광석'이 또 다른 달맞이 장소로 사용되었음을 알 수 있다.

[소쇄원도]에 보이는 「광석(廣石)」은 「조담(槽潭)」의 하부·왼쪽에 있으며, 근처에 계단이 있다.(도 13-1, 도 3-1, 도 25-1) 「광석(廣石)」이라 표시된 곳 위에 그림이 그려져 있으나 판독하기가 어렵다.

현재 소쇄원 계곡으로 들어가는 계단 앞에 윗면이 평평한 바위가 있음을 알 수 있다.(사진 13-2, 사진 25-1)

제14영 담장 구멍으로 통해 흐르는 물　　垣竅透流(원규투류)

한 걸음 한 걸음 물결을 보고 가며　　步步看波去(보보간파거)
거닐며 글을 읊으니 생각은 더욱 더 깊어지네.　　行吟思轉幽(행음사전유)
참된 근원을 사람들이 거슬러가 볼 수 없으니　　眞源人未泝(진원인미소)
공연히 담을 통해 흐르는 물만을 보네.　　空見透墻流(공견투장류)[76]

도 14-1 | 사진 14-1

도 14-1. [소쇄원도]의「원규투류(垣竅透流)」
사진 14-1. 담장 구멍으로 통해 흐르는 물 '원규투류'

---

76 垣(담 원) 竅(구멍 규) 透流(투류: 통하여 흐르다. 통할 투) 步(걸을 보, 걸음) 看(볼 간) 波(물결 파) 去(갈 거) 行吟(행음: 거닐면서 글을 읊는 것. 갈 행, 읊을 음) 轉(구를 전, 더욱 더) 眞源(진원: 참된 근원·기원. 참 진, 근원 원) 泝(거슬러 올라갈 소) 墻(담 장).

소쇄원 계곡의 흐름을 보고 읊조리며 거닐며 깊어지는 생각으로 참된 근원을 찾고자하는데, 세상 사람들은 담 구멍으로 통해 흐르는 눈에 보이는 물만 바라본다고 노래하고 있다.

참된 근원을 찾지 못하고 속절없이 담 밑으로 흐르는 물만 보고 있는 세상 사람들을 안타까워하는 모습으로, 김인후는 '소쇄원주인만'[77]에서도 다음과 같이 노래하며 진원을 찾고자 함을 표현하고 있다.

(전략)

부질없이 오곡의 물만 남으니	空餘五曲水(공여오곡수)
누워서도 진원을 거슬러 오르길 생각하네.	臥想泝眞源(와상소진원)

제봉은 [유서석록]에서 '계곡물이 집 동쪽 담장을 통과하여 흘러와서 물소리를 내며 섬돌 아래로 감아 돌아 흐른다.'[78]라고 하였다.

[소쇄원도]에는 「오곡문(五曲門)」 옆 담장에 「원규투류(垣竅透流)」라 적고 있으며, 그 아래에 물이 다섯 구비로 돌고 있는 모습이 그려져 있다.(도 14-1)

현재 소쇄원의 동쪽을 구획하는 담장 밑이 뚫려 있다.(사진 14-1, 사진 18-3) 담장 구멍으로 흐르는 물인 「원규투류(垣竅透流)」에 해당하는 곳이다. 소쇄원을 동에서 서로 흐르는 자연 계류의 흐름을 방해하지 않고 흐르게 하고, 소쇄원의 경계도 이루기 위하여 하부가 개방된 담을 계곡 위에 걸쳐 놓고 있는 것이다. 이로 인하여 계곡물의 흐름은 방해받지 않고 자연 그대로 흐르고, 경계는 유지하고 있는 것이다. 자연을 최대로 수용한 탁월한 조경 기법을 볼 수 있다.

---

77 김인후, 瀟灑園主人挽, 河西先生全集 卷之八 五言律詩, 한국고전번역원, 영인표점 한국문집총간, 1989 https://db.itkc.or.kr/

78 고경명(1574), 앞의 글, … 澗水來自舍東閼墻。通流瀜瀜。循除下。….

제15영 살구나무 그늘 아래 굽이도는 물 杏陰曲流(행음곡류)

가까운 거리에 물줄기 줄줄 내리는 곳에	咫尺潺湲地(지척잔원지)
틀림없이 오곡의 흐름이라.	分明五曲流(분명오곡류)
그해 물가에서 말씀하신 공자의 뜻은	當年川上意(당년천상의)
오늘은 살구나무 가에서 찾는구나.	今日杏邊求(금일행변구)[79]

도 15-1 | 사진 15-1
사진 15-2 | 사진 15-3

도 15-1. [소쇄원도]의 「행음(杏陰)」과 '오곡(五曲)'
사진 15-1. 오곡과 행음: 매화나무, 살구나무
사진 15-2. '오곡문(五曲門)' 각자
사진 15-3. '행음': 전면 왼쪽나무가 행음 위치의 살구나무

79 杏陰(행음: 살구나무의 그늘. 살구 행, 그늘 음) 咫尺(지척: 아주 가까운 거리. 길이 지, 길이 척) 地(땅 지) 分明(분명: 어긋남이 없이 확실하게) 五(다섯 오) 當年(당년: 그 해, 이 해. 당할 당) 川上意(천상의: 공자가 물가에서, '세월은 물과 같아서 밤낮으로 쉬지 않고 흘러간다.'고 한 말의 뜻. 내천, 뜻의) 今日(금일: 오늘. 이제 금, 지금) 求(구할 구).

졸졸 흐르는 오곡의 흐름 가에서 공자께서 말씀하신 천상의(川上意)를 생각하며, 나는 지금 살구나무 가에서 그 뜻을 찾는다고 노래하고 있다.

제2구의 '오곡류(五曲流)'는 소쇄원의 중심을 흐르는 계곡의 상류 담장 아래로 굽이쳐 흐르는 물줄기를 이르는 것으로, 작자는 이곳에서 공자의 천상의를 떠올리고 있다. 제3구의 물가에서 말씀하신 공자의 뜻(川上意)은 [논어] '자한' 편에 나오는 말로 '공자께서 냇가에 계시면서 말씀하시기를, 서서히 가는 자 이와 같도다! 밤낮을 머물러 쉬지 않는구나!'[80]라고 하였다. 즉, 세월이 멈추지 않고 가는 것이 마치 물이 흘러가는 것과 같다는 말로 도를 닦음(배움)도 쉬지 않고 하여야 한다고 말하고 있다. 제4구의 '살구나무 가에서 찾는다.'에서 살구나무(杏)는 공자의 강학처인 '행단(杏壇)'에 심어진 나무로, [장자]의 '어부'에 '공자가 치유의 숲 속에서 노닐며, 행단 위에 앉아서 휴식을 취했나니, 제자들은 글을 읽고 공자는 거문고를 타며 노래를 불렀다.'[81]라고 기록하고 있다. 행단은 살구나무가 심어진 곳에서 공자가 가르침을 베푼 장소이다.

[소쇄원도]의 「원규투류(垣竅透流)」 아래에 물이 다섯 구비로 돌고 있는 모습이 그려져 있으며 담장에 세워진 문이 「오곡문(五曲門)」이다. (도 15-1) '오곡'에 대한 의미부여가 강조된 공간이다. 또 외나무다리(「약작(略彴)」)를 건너기 전에 키 큰 수목을 그리고 「행음(杏陰)」이라 적고 있으며, 그 옆 물가에 근접해서 그려진 또 다른 나무는 매대의 매화나무와 표현기법이 유사하게 그려져 있다.(도 15-1, 도 12-1)

현재 [소쇄원도]에 그려진 지붕 있는 문인 「오곡문(五曲門)」은 빈 공간으로 남아 출입문의 역할을 하고 있고, '오곡문(五曲門)'이라는 각자

---

80 공자, 論語 子罕, … 子在川上 曰 逝者如斯夫 不舍晝夜 ….

81 莊子 漁父, … 孔子遊乎緇帷之林 休坐乎杏壇之上 弟子讀書 孔子絃歌鼓琴 ….

가 반대편 담장에서 보인다.(사진 15-1, 사진 15-2) 주자는 무이산의 제 5곡에 무이정사를 짓고 은거하며, '무이정사잡영(武夷精舍雜詠)', '무이구곡도가(武夷九曲櫂歌)' 등의 작품을 남겼다.

현재 소쇄원의 중심을 흐르는 계곡의 상류 담장 아래로 굽이쳐 흐르는 물줄기인 오곡류(五曲流)의 가장자리 즉 외나무다리(약작)를 건너기 전에 살구나무와 매화나무가 심어져 있다. [소쇄원도]의 '행음'에 해당하는 위치에 살구나무가 심어져 있으며, 물가에 매화나무가 심어져 있다.(사진 15-3, 사진 26-2, 사진 34-2) 소쇄원 주인이 살구나무를 심어 복원하고 있는 것을 보면 '행음'의 행을 살구나무로 인식하고 있음을 알 수 있다.

살구나무(杏, *Prunus armeniaca* L.)는 장미과 낙엽 활엽 소교목으로, 공자의 행단에 심어진 나무이다.

제16영　가산의 풀과 나무들　　假山草樹(가산초수)

산을 만드는데 비용과 인력을 들이지 않고	爲山不費人(위산불비인)
조물이라 도리어 빌림을 하였네.	造物還爲假(조물환위가)
형세를 좇아 우거진 숲을 일으키니	隨勢起叢林(수세기총림)
의연하게 이것이 산과 들이더라.	依然是山野(의연시산야)[82]

도 16-1 | 사진 16-1

도 16-1. [소쇄원도]의 「석가산(石假山)」
사진 16-1. 석가산 추정 위치

비용과 인력을 들이지 않고 자연의 힘으로 만들어진 '가산(假山)'을 노래한 것으로, 인공을 가하지 않고 조물주가 만든, 즉 자연에 의해 조성된 산과 들의 형세를 가산이라 이르고 있음을 알 수 있다. 자연의 형태에서 인공을 가한 듯 한 자연을 보고 있음을 알 수 있다.

[소쇄원도]에는 광풍각의 왼쪽, 「도오(桃塢)」 아래, 계곡의 흐름에 인접하여 「석가산(石假山)」이라 적고, 세 겹의 산봉우리를 묘사하고 있다. (도 16-1) [소쇄원 계당 중수 상량문]에는 '창암명동에 석가산이 있는데

82 假山(가산: 인공적으로 만든 산. 빌릴 가) 草樹(초수: 풀과 나무. 풀 초, 나무 수) 爲(할 위) 費(쓸 비, 비용) 造物(조물: 조물주(造物主). 만들 조) 隨(따를 수) 勢(기세 세) 起(일어날 기) 叢林(총림: 잡목이 우거진 숲. 떨기 총(숲)) 依然(의연: 전과 다름 없음. 의지할 의, 그러할 연) 是(이 시) 山野(산야: 산과 들. 들 야).

사면에 시를 지어 새겨 글자마다 깊은 뜻이 숨어 있었다.'[83]고 하였다.

현재 가산초수의 '가산'과 [소쇄원도]의 「석가산」에 해당하는 위치를 추정하여 현황을 살펴보면(사진 16-1), 시에서 언급한 가산으로 추측되는 특징적인 형태나 흔적은 발견할 수 없다.

'가산(假山)'은 인공적으로 산을 만들어 감상하는 것으로 재료에 따라 석가산과 목가산 으로 구분한다. 산을 만들고 여기에 작은 화초와 나무들을 심어 흡사 자연의 그것과 유사하게 조성하였다. 그러나 이 제영의 가산은 비용과 인력을 들이지 않고, 즉 인공을 가하지 않고 조물주가 형세를 좇아 일으킨 산과 들이라 하였으니 우리가 알고 있는 일반적인 가산이 아닌 것 같다. 너럭바위로 이루어진 소쇄원의 계곡에 (자연이 이루어 놓은) 산과 같은 형태의 바위가 있어 가산이라 한 것이 아닐까? 현재는 그 흔적을 찾을 수 없어 형용하기 어려우나, 자연의 산 모양 바위에 풀과 나무를 심어 가산을 조성한 것으로 생각된다. 이는 있는 그대로의 빼어난 자연요소를 정원의 한 승경으로 승화시켜 전체 속에 스며들게 구성하고자 한 한국 전통 조경의 조영의도가 잘 드러난 요소라 할 수 있다.

현재 한국정원에서 가산 사례는 많이 볼 수 없고, 가산을 노래한 문헌은 비교적 볼 수 있다. 채수(蔡壽, 1449-1515)의 '석가산 폭포기'[84]는 가산을 만든 경위, 방법, 석가산 폭포의 진가, 석가산 폭포가 주는 즐거움 등 자연을 즐기는 조영자의 생각을 상세히 표현하고 있다. 가산의 조영과 의미에 대하여 상세히 기술하고 있다.

---

83 양천운(1614), 앞의 글, 소쇄원사실 권지사, 十六, … 蒼巖名洞 石假有山 面面題詩 字字寓意 ….

84 蔡壽, 石假山瀑沛記, 懶齋集 卷之一 記, 한국고전번역원, 영인표점 한국문집총간, 1988.

제17영 하늘이 이룬 소나무와 바윗돌 松石天成(송석천성)

조각난 돌이 높은 언덕에서 오니	片石來崇岡(편석래숭강)
뿌리 내려 몇 척의 작은 소나무 되었네.	結根松數尺(결근송수척)
오랜 세월토록 꽃을 몸에 가득 피우고	萬年花滿身(만년화만신)
기세 곧아 하늘에 닿아 푸르네.	勢縮參天碧(세축참천벽)[85]

도 17-2 사진 17-3

도 17-2. [소쇄원도]의 「와송(臥松)」
사진 17-3. '와송' 위치의 고사목

바위에 뿌리내린 몇 척 작은 소나무의 기세 곧음을 노래하였다. 꺾이지 않는 곧음이 항상 함을 나타내고 있다.

[소쇄원도]에는 많은 소나무가 그려져 있으나, 명기되어 있는 것은 「와송(臥松)」 뿐으로, 외나무다리(약작)를 건너기 전에 그려져 있다.(도 17-2) [소쇄원48영]에서는 언급하지 않았다.

현재 '와송'의 위치로 추측되는 곳에 고사목이 서 있다.(사진 17-3, 사진 26-2) 그 밖에 소나무를 주제로 노래한 것은 제26영 단교쌍송(斷橋雙松), 제27영 산애송국(散崖松菊) 등이 있다.

---

85 松(소나무 송) 成(이룰 성) 片(조각 편) 崇岡(숭강: 높은 산. 높을 숭, 언덕 강) 結(맺을 결) 根(뿌리 근) 數(셀 수) 萬年(만년: 아주 오랜 세월. 일만 만) 花(꽃 화) 滿身(만신: 몸의 전체. 찰 만, 몸 신) 縮(곧을 축) 參(뒤섞일 참).

제18영 돌에 두루 덮인 푸른 이끼 遍石蒼蘚(편석창선)

오래된 바위에 구름처럼 낀 연기 촉촉하니 石老雲煙濕(석로운연습)
푸르고 푸른 이끼 꽃을 이루네. 蒼蒼蘚作花(창창선작화)
흔히 언덕과 골짜기의 본성은 같아서 一般丘壑性(일반구학성)
번화함으로 향하는 데 뜻을 두지 않는다네. 絶義向繁華(절의향번화)[86]

사진 18-2 | 사진 18-3

사진 18-2. 계곡 암반의 푸른 이끼
사진 18-3. 담장 구멍 바위의 이끼

---

86 遍(두루 편) 蒼(푸를 창) 蘚(이끼 선) 老(늙을 로, 오래되다) 雲煙(운연: 구름과 연기를 아울러 이르는 말. 연기 연) 濕(축축할 습) 一般(일반: 특정 또는 일부가 아닌, 전체에 두루 해당되는 것. 일반 반) 丘壑(구학: 언덕과 골짜기. 언덕 구) 性(성품 성) 絶義(절의: 의리를 위하여 절교함. 옳을 의) 繁華(번화: 초목이 무성하고 꽃이 핌. 뜻이 바뀌어, 사람의 젊은 시절을 이름. 번창하여 흥청거림. 많을 번, 빛날 화).

계곡의 촉촉한 돌에 핀 번화하지 않은 푸르고 푸른 이끼 꽃은 번화함에 뜻을 두지 않는 은자와 같다고 노래하고 있다.

[소쇄원도]에 이 시제의 내용에 부합한 표현은 보이지 않는다.

송순은 '바위에 오래된 이끼 가득하고'[87]라고 노래하고 있으며, 하서의 시 '소쇄원의 답한 운에 차하다.'[88]에서 '파란 이끼 푸른 솔은 벼랑을 뒤덮었네.'라고 노래하고 있다. 소쇄원의 푸른 이끼가 또 다른 경관을 이루고 있다.(사진 18-2, 사진 18-3, 사진 3-2)

---

87 송순(1534), 앞의 시, … 巖老苔平鋪 ….

88 김인후, 次瀟灑園答韻, 河西先生全集 卷之六 / 七言絶句, … 蘚碧松蒼蔭斷崖 ….

제19영 걸상 바위에 조용히 앉아 榻巖靜坐(탑암정좌)

낭떠러지 바위에 오래도록 앉아 있으니	懸崖虛坐久(현애허좌구)
깨끗하게 쓸어가는 계곡의 바람 있네.	淨掃有溪風(정소유계풍)
무릎이 상하는 것을 당하여도 두렵지 않아	不怕穿當膝(불파천당슬)
관물하는 늙은이에겐 가장 알맞네.	便宜觀物翁(편의관물옹)[89]

도 19-1 | 사진 19-1
사진 19-2 | 사진 19-3

도 19-1. [소쇄원도]의 「탑암(榻巖)」
사진 19-1. 대봉대와 계곡 사이의 '탑암' 위치 추정
사진 19-2. 추정 '탑암' 정면
사진 19-3. 추정 '탑암'과 폭포

89 榻巖(탑암: 걸상처럼 생긴 바위. 걸상 탑) 靜坐(정좌: 마음을 가라앉히고 단정하고 조용히 앉음. 앉을 좌) 懸崖(현애: 낭떠러지. 매달 현) 虛坐(허좌: 음식을 취하지 않고 속을 비우고 앉아 있는 것. 신선 세계의 하나. 빌 허) 久(오랠 구) 掃(쓸 소) 怕(두려워할 파) 膝(무릎 슬) 便宜(편의: 생활하거나 일하는 데, 형편이나 조건 따위가 편하고 좋음. 편할 편) 觀物翁(관물옹: 관물하는 늙은이. 볼 관, 사물 물, 늙은이 옹).

절벽과 같이 깎아지른 듯 한 곳에 걸상바위(榻巖)가 있어 조용히 앉아 계곡의 시원한 바람을 쏘이며 신선처럼 관물할 수 있다고 노래하고 있다.

[소쇄원도]에 「대봉대(待鳳臺)」와 계류 사이의 계곡물 옆에 「탑암(榻巖)」이라 적고, 앉아 있는 사람의 모습이 그려져 있다. 앉아 있는 사람의 머리 위를 지나 계곡까지 뻗은 소나무가 있어 그늘을 제공하였으리라 추측된다.(도 19-1) 탑암 앞 계곡 건너에는 석가산이 있는데, 이것도 관물(조망)대상이 되었을 것으로 추측된다.

현재 대봉대와 계곡사이를 살펴보면, 낭떠러지 같은 바위는 없으나 탑암 추정 위치에 쓰러져 있는 바위가 보인다. 그리고 계곡까지 뻗어 있는 소나무도 보이지 않는다.(사진 19-1, 사진 19-2, 사진 3-2)

제20영 구슬같이 맑은 물가에서 거문고 비껴 안고

玉湫橫琴(옥추횡금)

아름다운 거문고 타기 쉽지 않은 것은	瑤琴不易彈(요금불이탄)
세상에 종자기 같은 친구 없어서라네.	擧世無種子(거세무종자)
깊고 맑은 물에 한 곡조 울리니	一曲響泓澄(일곡향홍징)
마음과 귀만은 서로 안다네.	相知心與耳(상지심여이)[90]

도 20-1 사진 20-1

도 20-1. [소쇄원도]의 「옥추횡금(玉湫橫琴)」
사진 20-1. '옥추횡금' 추정 위치

깊고 맑은 물가에서 거문고를 타며 종자기와 백아의 지음(知音)을 노래하고 있다.

종자기와 백아의 고사[91]는 [열자(列子)] '탕문(湯問)' 편에 있는데, 중국 전국시대 초(楚)나라의 거문고 명인이었던 백아(伯牙)는 그의 음악

[90] 玉湫(옥추: 구슬처럼 맑고 깨끗한 못, 또는 폭포. 늪 추) 橫(가로 횡) 琴(거문고 금) 瑤琴(요금: 아름다운 소리를 내는 거문고. 아름다운 옥 요) 易(쉬울 이) 彈(연주할 탄) 擧世(거세: 온 세상. 들 거, 세상 세) 種子(종자: 춘추 시대 초나라의 음악가 종자기(鍾子期)) 泓(물이 깊을 홍) 澄(맑을 징) 相(서로 상) 知(알 지) 耳(귀 이).

[91] 열자 지음·정창영 옮김(2009), 열자론, 인간사랑, 239~240쪽.

을 알아주던 친구 종자기(鍾子期)가 죽자 다시는 연주하지 않았다고 한다. 자기를 이해해 주는 진정한 친구는 소리만 듣고도 상대의 마음을 읽는다하여 우리는 '지음(知音)'이라 부른다. 또한 [예기]에 '군자가 거문고(와 비파의) 소리를 들으면 지조 있고 의리 있는 신하를 생각한다.'[92]고 한다.

[소쇄원도]에는 「조담(槽潭)」의 하부에 「옥추횡금(玉湫橫琴)」이라 적고 거문고를 타는 사람의 모습이 그려져 있다.(도 20-1) 매화나무를 배경으로 조담 아래에서 폭포 소리와 함께 (물가에서) 거문고를 타는 풍류를 즐기고 있는 모습이다. 위쪽에 'ㄱ'자로 꺾이는 고목(죍木)이 보인다.

옥추횡금 추정 위치의 현재 모습이다.(사진 20-1)

92 禮記, 樂記 第十九, … 君子聽琴瑟之聲 則思志義之臣 ….

제21영 빙빙 도는 물살에 술잔 띄워 보내며 洑流傳盃(복류전배)

물이 소용돌이치는 바위 가에 줄지어 앉았으니	列坐石渦邊(열좌석와변)
소반의 채소 뜻한 대로 만족하네.	盤蔬隨意足(반소수의족)
빙빙 도는 물결에 술잔이 절로 오고가니	洄波自去來(회파자거래)
잔을 한가로이 서로 권하네.	盞斝閒相屬(잔가한상촉)[93]

도 21-1 사진 21-2

도 21-1. [소쇄원도]의 빙빙 도는 물살

: 조담아래의 타원형 안에 빙빙 도는 소용돌이 모양을 표현하고 있다.

사진 21-2. 빙빙 도는 물살 추정 위치

소용돌이치는 물가에 빙 둘러 앉아 소박한 채소를 안주 삼아 한가롭게 술잔을 서로 주고받고 있는 모습을 읊고 있다.

[소쇄원도]에는 「조담(槽潭)」과 「폭포(瀑)」 사이에 소용돌이치는 빙빙 도는 모양이 표현되어 있다.(도 21-1) 이곳에서 여러 사람이 둘러 앉

93 洑(빙 돌아 흐를 복) 傳盃(전배: 술자리에서 술잔을 전함. 전할 전, 잔 배) 列坐(열좌: 자리에 죽 벌여서 앉음. 벌일 열) 渦(소용돌이 와) 盤(소반 반) 蔬(나물 소) 洄(거슬러 올라갈 회) 去來(거래: 오고 가다) 盞(잔 잔) 斝(옥잔 가) 閒(한가할 한) 屬(권할 촉).

아 술잔을 물에 띄우며 한가로이 '유상곡수(流觴曲水)'를 즐긴 것일까?

중국 정(鄭)나라에서는 음력 삼월 상사에 흐르는 물가에서 푸닥거리를 하는 세시 풍속이 있었는데, 진나라의 왕희지가 난정에서의 유상곡수연을 기록한 [난정기]를 남긴 이후로 널리 알려지게 되었다. 왕희지의 [난정기][94]에 '(전략) 이곳에는 높은 산과 높고 가파른 고개가 있고, 무성한 숲과 길게 자란 대나무가 있고, 또 맑게 흐르는 물과 매우 세차게 흐르는 여울이 (정자) 좌우를 띠처럼 비추어 감고 있더라. (이 물을) 끌어다 술잔을 띄울 곡수를 만들어 놓고, (굽이치는 물에 잔을 흘려보내게 만들어) 그 차례대로 나열하여 앉았으니, 비록 실과 대나무로 만든 관악기와 현악기의 풍성함은 없으나, 한 잔 술을 마시고는 한 수의 시를 읊으니, 역시 그윽한 마음을 화창하게 펴기에 족하다. (후략)' 라고 기록하고 있다.

현황은 빙빙 도는 물결도 없고 계곡의 물 흐름도 풍부하게 흐르고 있지 않다.(사진 21-2) 수원의 확보가 요구된다.

94 왕희지, 蘭亭記, 고문진보후집 권지일.

제22영 책상바위에서 바둑을 두며 床巖對棋(상암대기)

바위 언덕 조금은 넓고 평평하니	石岸稍寬平(석안초관평)
대숲에서 절반을 거하네.	竹林居一半(죽림거일반)
손님이 와서 바둑 한판 두니	賓來一局碁(빈래일국기)
어지럽게 내리는 우박이 공중에서 흩어지내.	亂雹空中散(난박공중산)[95]

도 22-1 사진 22-2

도 22-1. [소쇄원도]의 「상암(床岩)」
사진 22-2. '상암' 추정 위치

넓고 평평한 책상바위(상암)에서 손님과 바둑을 두며, 바둑판 위의 바둑돌을 우박이 공중에서 흩어진 것 같다고 노래하고 있다.

[소쇄원도]에는 「광석(廣石)」 아래에, 상다리가 있는 바둑판을 사이에 두고 두 사람이 마주앉아 바둑을 두고 있는 모습이 그려져 있으며 「상암(床岩)」이라 적고 있다.(도 22-1) 석가산과 폭포도 가까이 있다. 선경 속에서 바둑 두는 신선이 연상된다.

현재 바둑 두는 바위인 '상암'으로 추정되는 곳은 '도오' 아래 '석가산' 동쪽의 암반상으로 추정된다.(사진 22-2)

---

95 床巖(상암: 책상 바위. 밥상 상) 對棋(대기: 실력이 비슷한 사람끼리 두는 바둑. 대할 대, 바둑 기) 稍(점점 초) 寬(너그러울 관) 平(평평할 평) 居(살 거) 一半(일반: 하나를 둘로 똑같이 나눈 것의 하나. 반 반) 賓(손 빈) 局(판 국) 碁(바둑 기) 亂雹(난박: 어지럽게 내리는 우박. 어지러울 난, 우박 박).

제23영 긴 섬돌을 거닐며　　　脩階散步(수계산보)

차분하게 속세를 벗어난 마음으로　　澹蕩出塵想(담탕출진상)
섬돌 위를 소요하며 걷네.　　逍遙階上行(소요계상행)
한가한 뜻을 읊어 이루다가　　吟成閒箇意(음성한개의)
읊고 나니 또 정을 잊네.　　吟了亦忘情(음료역망정)[96]

도 23-1
사진 23-2

도 23-1. [소쇄원도]의 「수계산보(脩階散步)」
사진 23-2. '수계산보'

---

[96] 脩階(수계: 길게 쌓아올린 섬돌. 섬돌 계(집채의 앞뒤에 오르내릴 수 있게 놓은 돌 층계)) 澹蕩(담탕: 차분하여 침착한 모양. 담박할 담, 방탕할 탕) 出塵(출진: 세속을 벗어남, 번뇌와 더러움이 가득 찬 속세를 버리고 불도를 닦아 깨달음을 얻음. 날 출) 想(생각 상) 逍遙(소요: 기분 내키는 대로 이리저리 거닒, 바람을 쐼. 거닐 소, 서성거릴 요) 箇(낱 개) 了(마칠 요) 忘(잊을 망).

세속을 벗어나는 마음으로 뜰을 산보하며 시를 지음과 짓고 난 후에 정(욕심)을 잊음을 노래하고 있다.

[소쇄원도]의 「총균(叢筠)」「모조(暮鳥)」와 「애양단(愛陽壇)」 담장 사이에 세 사람이 「애양단」 쪽으로 향하여 걷고 있는 모습이 그려져 있고, 「수계산보(修階散步)」라 적고 있다.(도 23-1)

현황은 오른쪽에 담장을 두고 보면 '오곡문' 각자와 마주하며 왼편으로 방향을 돌려 외나무다리·'약작'으로 갈 수 있다.(사진 23-2)

제24영 회화나무 가 바위에 기대어 졸며 倚睡槐石(의수괴석)

스스로 회화나무 가에 있는 바위를 쓸고서 自掃槐邊石(자소괴변석)
아무도 없이 홀로 앉아 있을 때라. 無人獨坐時(무인독좌시)
졸다가 놀래어 일어서는 것은 睡來驚起立(수래경기립)
개미 왕에게 알려질까 두려워서라. 恐被蟻王知(공피의왕지)[97]

도 24-1 | 사진 24-1

도 24-1. [소쇄원도]의 「괴석(槐石)」
사진 24-1. '괴석' 추정 위치

소쇄원에서의 '남가일몽(南柯一夢)'을 노래하고 있다.

'의수괴석'의 '괴(槐)'는 회화나무(*Sophora japonica*)로 제4구의 개미왕이 출현하는 '괴안국(槐安國)'과 연결되고 있다. 괴안국은 '남가일몽(南柯一夢)'의 무대가 되는 나라이다. 순우분(淳于棼)이라는 사람이 꿈속에서 남가군수(南柯郡守)가 되어 부귀영화를 누리다 깨어나니, 남가는 집뜰에 있는 회화나무(槐) 가지였고, 괴안국은 회화나무 밑에 있는 개미굴

97 倚睡(의수 = 倚槐睡(의괴수)를 말함. 회화나무에 기대어 졸음. 기댈 의, 졸 수) 槐(회화나무 괴) 驚(놀랄 경) 恐(두려울 공) 被(입을 피) 蟻(개미 의) 王(임금 왕).

이었다는 고사가 있다. 중국 당나라 이공좌(李公佐)의 [남가기(南柯記)]에 나오는 고사이다. 또, [주례(周禮)] '추관사구(秋官司寇)'에 '세 회화나무(三槐)를 바라보고 삼공이 자리를 잡으며'[98]라고 적고 있다. 외조(外朝)는 왕이 삼공(三公)과 공경대부(公卿大夫) 및 여러 관료와 귀족들을 만나는 장소로서 이 중 정면에는 세 그루의 회화나무를 심어 삼공(三公)이 자리하게 하였다. 즉 회화나무(槐)를 심어 삼공(三公) 좌석의 표지(標識)로 삼았으며, 이 때문에 회화나무는 삼공 위계(位階)의 뜻으로 사용되기도 하였다. 주나라에서는 조정 앞에 회화나무를 심었으므로 조정을 '괴정(槐庭)'이라 불렀으며, 황제가 거처하는 곳을 '괴신(槐宸)'으로, 장안 거리를 '괴로(槐路)'라 불렀다. 장안의 9개 큰 시장 중에는 '괴시(槐市)'라는 이름을 가진 시장도 있었다고 한다. 후대에 '세 그루의 회화나무를 집에 심고, 후손이 반드시 재상이 될 것이다.'[99]라고 하고 있는데, 이는 회화나무를 집 뜰에 심어 후손이 학자가 되고, 재상이 되기를 기원하는 의미를 담은 것으로 [주례]에 연유한 것이다.

[소쇄원도]에는 「매대(梅臺)」의 동쪽 끝·담장 안에 「괴석(槐石)」이라는 문구와 수목이 그려져 있다.(도 24-1)

현재 [소쇄원도]의 '괴석'으로 추측되는 곳에 느티나무가 자라고 있다.(사진 24-1).

회화나무(*Styphnolobium japonicum* L.)는 괴화목(槐花木), 회나무, 홰나무, 괴나무, 괴화(槐花)나무라고 하며, 콩과의 낙엽활엽교목이다.[100] 느티나무를 괴목(槐木)이라 부르기도 한다.

---

98 지재희·이준영 해석(2002), 周禮, 자유문고 동양학총서 47, 422~424쪽 … 面三槐三公位焉 ….

99 소식(1036-1101), 三槐堂銘, 고문진보후집 권지팔, … 蓋嘗手植三槐於庭曰, 吾子孫, 必有爲三公者, 已而. ….

100 https://namu.wiki/

제25영 조담에서 거리낌 없이 몸을 씻고 槽潭放浴(조담방욕)

못이 맑고 깊으며 바닥이 보이니 　　潭清深見底(담청심견저)
목욕 후에도 물 맑아 바닥 돌이 보이네. 　　浴罷碧粼粼(욕파벽인린)
믿을 수 없는 인간세상은 　　不信人間世(불신인간세)
염정에 다리가 티끌에 빠지는 것 같음이라. 　　炎程脚沒塵(염정각몰진)[101]

도 25-1 사진 25-1

도 25-1. [소쇄원도]의 「조담(槽潭)」
사진 25-1. '조담' 추정 위치
: 오곡이 흘러내려 조그만 못이 형성되어 있다. 왼쪽 위에 출입계단이 있고, 그 아래에 광석으로 추정되는 돌도 보인다.

---

101 槽潭(조담: 커다란 말구유 통 모양의 물이 담긴 못. 구유 조, 못 담) 放(놓을 방, 거리낌 없다) 浴(목욕할 욕) 底(바닥 저) 罷(마칠 파) 粼粼(인린: 물이 맑아 바닥의 돌이 보이는 모양. 물 맑을 린) 信(믿을 신) 間(사이 간) 炎程(염정: 찌는 듯 한 여름날에 걸어가는 길. 길 정) 脚(다리 각) 沒(빠질 몰).

맑고 깊은 구유 모양의 못인 '조담'에서 목욕하며 읊은 노래이다.

[유서석록]에는 '조담 위에 노송이 누어있는 것 같이 서리고 엉클어져, 마치 조담 표면을 가로질러 지나가는 것 같았다.'[102]라고 조담 위의 소나무를 표현하고 있고, [소쇄원도]에도 '조담'까지 뻗은 소나무가 묘사되어 있어(도 25-1), 당시에는 조담 위까지 뻗은 소나무가 존재했었음을 알 수 있다.

[소쇄원도]에는 계류가 오곡으로 흐르다가 구유 모양으로 못을 이루는 곳에 「조담(槽潭)」이라 적고, 또 그 아래에는 소용돌이치는 못과 폭포(「폭(瀑)」)가 있다.(도 25-1) 오곡(五曲)으로 흐르는 계류가 흘러 일단 작은 못을 이루는 곳을 말구유 모양의 못이라는 의미의 '조담(槽潭)'이라 하며, 여기에서 목욕을 하며 의미를 부여하고 있음을 알 수 있다.

현재 계곡의 너럭바위 위에 조그마하게 파인 '조담'으로 추측되는 곳이 있으나 수량이 충분하지는 않다.(사진 25-1) 조담까지 뻗은 소나무는 볼 수 없다(사진 26-2). 다음에 서술하는 26영 단교쌍송 중의 소나무 하나가 조담까지 뻗고 있지 않았을까 추측된다.

---

102 고경명(1574), 앞의 글, … 槽潭之上。老松盤屈如偃。蓋橫過潭面。….

제26영 가로 지른 다리 가의 두 그루 소나무

斷橋雙松(단교쌍송)

콸콸 소리 내며 섬돌 따라 물 흐르는데	潝潝循除水(괵괵순제수)
다리 주변에 두 그루 소나무 서 있네.	橋邊樹二松(교변수이송)
남전은 오히려 일이 있으니	藍田猶有事(남전유유사)
그 다툼도 이에 미쳐서는 조용해지리라.	爭及此從容(쟁급차종용)[103]

도 26-2

사진 26-2

도 26-2. [소쇄원도] '단교쌍송' 추정

사진 26-2. '단교쌍송' 추정 위치

103 斷橋(단교: 끊어진 다리. 다리를 끊어 적이 넘어오지 못하게 함) 雙(한쌍 쌍) 潝(물 갈라질 괵, 물이 갈라져 흐르다, 물소리) 循(좇을 순) 除(섬돌 제) 樹(나무 수, 자라고 있는 나무) 藍田(남전: 섬서성(陝西省) 서안시(西安市) 동남방에 있는 현(縣)의 이름(산). 쪽 람, 밭 전) 猶(오히려 유) 有(있을 유) 事(일 사) 爭(다툴 쟁) 及(미칠 급) 從容(종용: 조용하다. 좇을 종, 조용할 용).

콸콸 힘차게 흐르는 물가에 세워진 다리 주변에 두 그루 소나무가 있는 한적함을 노래하고 있다.

제1구와 제2구의 콸콸 흐르는 물이 있는 다리 주변에 서 있는 2그루 소나무는 중국 당나라의 한유가 노래한 '남전 현승 청벽기'를 인용하고 있다. 내 할 일을 묵묵히 하겠다는 의지 표명이다.

남전 현승 청벽기(藍田縣丞廳壁記)[104]

_한유(韓愈, 768-824)

(전략) 이곳 승청에 옛 기문이 있었는데, 무너지고 비가 새서 더러워지다 보니 읽을 수가 없었다. 최사립(崔斯立)이 서까래와 기와를 갈고 벽을 흙손질하여 수리하고는 전임자들의 성명을 모두 기록하였다. 뜰에는 늙은 홰나무가 네 줄 벌여 있고, 남쪽 담장에는 큰 대나무 천 그루가 우뚝이 서서 서로 버티고 있는 듯하며, 물이 졸졸졸 뜰을 따라 흘러갔다. 최사립은 깨끗이 청소하고 물을 대 주면서 그곳에 두 그루의 소나무를 마주 심어 놓고는 날마다 그 사이에서 시를 읊었다. 묻는 자가 있으면 대답하기를 '나는 지금 공적(公的)인 일이 있으니, 그대는 우선 가라.' 하였다.

최사립이라는 사람이 남전현(藍田縣)의 현승(縣丞)으로 와서 아전들에게 휘둘리는 말단 관리의 애환 속에서 그를 극복하고, 청사의 면모를 일소하며 청사(廳舍)의 한쪽에 소나무 두 그루를 심어 놓고는 매일 와서 시를 읊으며 유유자적한 생활을 하였다는 내용이다.

이 영에서 노래하는 '단교쌍송'의 소나무가 어떤 것인지는 확정할 수 없지만, 다리와 관련된 곳에 심어진 소나무 인 것 같다. 소쇄원의 다리

---

104 한유, 藍田縣丞廳壁記(815), 고문진보후집 권지사, … 丞廳故有記 壞漏汚不可讀 斯立易桷與瓦 墁治壁 悉書前任人名氏 庭有老槐四行 南牆鉅竹千梃 儼立若相持 水瀌瀌循除鳴 斯立痛掃溉 對樹二松 日哦其間 有問者 輒對曰 余方有公事 子姑去 ….

는, [소쇄원48영]에서 언급하고 있는 제9영의 투죽위교(透竹危橋), [유서석록]에서 언급하고 있는 '담장을 뚫고 흐르는 물 위에는 한 개의 통나무로 만든 외나무다리(略彴)가 놓여 있고, …'의 '약작', 그리고 [소쇄원도]에는 이 두 다리 「투죽위교(透竹危橋)」와 「약작(略彴)」이 모두 표현되어 있다. [소쇄원도]의 「투죽위교」 근처에 소나무는 없고,(도 9-1) 「약작(略彴)」 건너 양쪽에 그려진 소나무(도 26-2)가 이 노래의 쌍송을 말한 것 같다.

[소쇄원도]에 표현된 소나무는 모두 6그루이다. 「소당(小塘)」 앞 개울가에 1그루, 「대봉대(待鳳臺)」 앞 「탑암(榻巖)」 근처에 1그루, 「애양단(愛陽壇)」의 전면 왼쪽 개울가에 「와송(臥松)」, 「약작」 건너 좌우에 있는 쌍송을 포함한 3그루 등 이다.

현재 소쇄원에는 '투죽위교'와 '약작' 두 개의 다리가 있고, [소쇄원도]에 표현된 「약작」 건너 좌우의 소나무는 존재하지 않는다.(사진 26-2)

소나무(松, *Pinus densiflora* Siebold & Zucc)는 소나무과의 상록교목으로, 절개와 지조의 상징이며, 대나무와 매화와 함께 세한삼우의 하나이다.

제27영 낭떠러지에 흩어져 자라는 소나무와 국화

散崖松菊(산애송국)

북쪽의 고개는 층층이 푸르고	北嶺層層碧(북령층층벽)
동쪽 울타리는 점점이 누렇더라.	東籬點點黃(동리점점황)
낭떠러지에 어지러이 섞여 심어놓으니	緣崖雜亂植(연애잡란식)
세밀 풍상에도 버티고 있네.	歲晩倚風霜(세만의풍상)[105]

층층이 푸른 소나무와 점점이 누런 동쪽 울타리의 국화가 낭떠러지에서도 바람과 서리를 견디며 서 있는 모습을 노래하고 있다.

제1구의 '북쪽의 고개는 층층이 푸르고'는 소나무이며, 제2구의 '동쪽 울타리는 점점이 누렇더라.'는 국화를 묘사한 것이다. 동쪽 울타리의 국화는 도연명과 관계한다.

음주(飮酒)[106]

_오류선생(五柳先生) 도잠(陶潛, 365-427)

사람 사는 경내에 집 지었으나	結廬在人境(결려재인경)
수레와 말의 시끄러움 없네.	而無車馬喧(이무거마훤)
그대에게 묻노니 어찌 그럴 수 있는가	問君何能爾(문군하능이)
마음이 세속과 머니 땅이 절로 궁벽하다오.	心遠地自偏(심원지자편)
동쪽 울타리 아래에서 국화 따다가	採菊東籬下(채국동리하)
한가로이 남산을 보노라.	悠然見南山(유연견남산)

105 菊(국화 국) 北(북쪽 북) 嶺(고개 령) 層(겹칠 층) 東籬(동리: 동쪽 울타리, 국화를 심어 놓은 밭. 동녘 동, 울타리 리) 點(점 점) 黃(누를 황) 緣(연줄 연) 雜(섞일 잡) 亂(어지러울 난) 植(심을 식) 歲晩(세만: 세밑, 한 해의 마지막 무렵. 해 세, 늦을 만) 倚(의지할 의) 風霜(풍상: 모질게 겪은 세상의 고생이나 고통을 비유적으로 이르는 말, 바람과 서리를 아울러 이르는 말. 서리 상).

106 도연명, 飮酒, 고문진보전집 권지삼 五言古風 長篇.

소동파(蘇東坡, 1036~1101)는 이 시의 제5구와 제6구에 대하여 말하기를 '국화를 따는 즈음에 우연히 남산을 바라본 것이니, 애당초 뜻을 두지 않았는데 경치가 우연히 뜻에 맞은 것이다.'[107]라고 풀이하고 있다. 도연명의 이 시로부터 동쪽 울타리(東籬)에 국화를 심는 뜻은 은둔자의 공간에 행해지는 행위로 여겨 왔으며, 많은 은둔자들이 모방하였다. 또 이와 같은 전거에 의해 국화의 별명은 '동리가색(東籬佳色)'이 되기도 하였다. 정선의 '동리채국도(東籬採菊圖)'와 '유연견남산도(悠然見南山圖)' 등이 있다. 또 도연명은 '… 세 오솔길은 황폐해져 있으나, 소나무와 국화는 아직 남아 있다. …'[108]라고 하였으며, 염계(濂溪) 주돈이(周敦頤, 1017~1073)는 '국화는 꽃 중의 은일자'[109]라고 말하고 있다. 이상과 같이 도연명과 주돈이 이래로 국화는 은자를 상징하는 꽃이 되었다.

[소쇄원도]에 국화를 묘사한 부분은 찾을 수 없다.

국화(菊, *Chrysanthemum morifolium* Ramat.)는 국화과의 여러해살이 풀로 은둔자의 공간인 소쇄원에 잘 어울리는 꽃 중의 하나인 것 같다.

---

107 … 東坡曰 採菊之次 偶然見山 初不用意而景與意會 ….

108 도연명, 歸去來辭, 고문진보후집 권지일, … 三徑就荒 松菊猶存 ….

109 주돈이, 愛蓮說, 고문진보후집 권지십, … 菊 花之隱逸者也 …. 3장 애련설 전문을 싣는다.

제28영 돌 받침대 위의 고고한 매화 石趺孤梅(석부고매)

(매화의) 빼어남을 곧바로 말하고자 한다면 直欲論奇絶(직욕논기절)
모름지기 돌에 꽂힌 뿌리를 보아야 함이라. 須看插石根(수간삽석근)
맑고 얕은 물까지 겸하고 있어 兼將淸淺水(겸장청천수)
성긴 그림자 황혼에 드리우네. 疎影入黃昏(소영입황혼)110

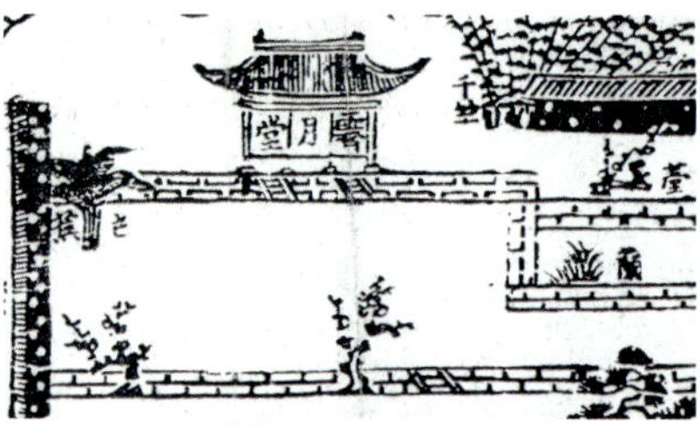

도 28-2 | 사진 28-2 | 사진 28-3

도 28-2. [소쇄원도]의 「제월당(霽月堂)」 앞 매화 2그루
사진 28-2. 제월당 앞 매화나무1
사진 28-3. 제월당 앞 매화나무2

110 石趺(석부: 조각품이나 비석 등의 받침. 책상다리 할 부) 孤(외로울 고, 고고하다) 直(곧을 직) 論(논할 논) 奇(기이할 기) 插(꽂을 삽) 兼(겸할 겸, 아울러) 淺(얕을 천) 疎影(소영: 드문드문 비치는 성긴 그림자. 성길 소, 적다.) 黃昏(황혼: 해가 뉘엿뉘엿하여 어두워질 무렵. 어두울 혼).

돌 사이에 뿌리 내리고 외롭게 서 있는 고고한 매화나무가 황혼의 물가에 성긴 그림자를 드리운다고 노래하고 있다.

제4구의 '성긴 그림자 황혼에 드리우네.'는 임포의 시에서 왔다.

산 동산의 작은 매화(山園小梅)[111]

_임포(林逋, 967~1028)

온갖 꽃들이 시들어 떨어져도 홀로 아름답게 남아
衆芳搖落獨喧妍(중방요락독훤연)
조그마한 정원의 풍정을 독차지하였구나. 占盡風情向小園(점진풍정향소원)
성긴 그림자는 맑고 얕은 물에 비스듬히 기울어지고
疎影橫斜水淸淺(소영횡사수청천)
은은한 향기는 황혼의 달빛 아래 떠도네. 暗香浮動月黃昏(암향부동월황혼)
서리 내릴 때 날아 온 새가 먼저 앉으려고 살그머니 훔쳐보다가
霜禽欲下先偸眼(상금욕하선투안)
흰나비도 매화의 아름다움을 알았더라면 넋이 나갔으리라.
粉蝶如知合斷魂(분접여지합단혼)
다행히 나는 시를 읊조리며 서로 친할 수 있으니
幸有微吟可相狎(행유미음가상압)
단판이나 금 술항아리도 필요 없게 되었구나.
不須檀板共金樽(불수단판공금준)

위 시로부터 성긴 그림자를 말하는 '소영(疎影)'과 은은한 향기를 말하는 '암향(暗香)'은 매화를 상징하는 표현이 되었다. 임포(林逋, 967~1028)는 송나라의 은일시인으로, 항저우(杭州)에서 태어났다. 세상의 번다한 일을 싫어하고 고상한 품성을 추구하여, 20여 년 동안 서호(西湖)

111 林和靖集, 山園小梅 二首.

의 고산(孤山)에 은거하며, 결혼하지 않고 시를 짓고 매화와 학을 기르며 살았으므로 '매화를 아내로, 학을 자녀로 한 시인'이라는 의미로 '매처학자(梅妻鶴子)'로 불렸다.

[소쇄원도]에는 「매대(梅臺)」에 매화나무 3그루가 표현되어 있는데(도 12-1), 이와 같은 표현기법으로 나무가 그려진 곳은 「제월당(霽月堂)」 앞마당의 섬돌(돌 기단)에 연해서 매화 2그루(도 28-2), 「옥추횡금」 뒤에 같은 모양의 나무 한그루(도 20-1), 「약작」의 계류 변에 1그루(도 15-1)가 표현되어 있다. 제1-2구에서 노래한 돌에 뿌리 내린 매화의 빼어남을 볼 수 있는 곳은 제월당 앞마당 기단 아래(도 28-2)에서 볼 수 있었을 것으로 추측되나, 현재 그 위치에 매화는 식재되어 있지 않다.

현재 제월당 앞 기단 위, 마당 끝 가장자리에 1그루의 매화가 보인다.(사진 28-2, 사진 28-3)

매화나무(梅, *Prunus mume* Siebold & Zucc.)는 장미과의 낙엽활엽교목으로 소나무, 대나무와 함께 세한삼우(歲寒三友)이며, 국화, 대나무, 난과 함께 사군자(四君子)의 하나이다.

제29영 길을 끼고 서 있는 키 큰 대나무 夾路脩篁(협로수황)

눈에 덮인 대줄기 곧게 흔들거리고 雪幹摐摐直(설간창창직)
구름에 싸인 대 끝 솔솔바람에 간드러지네. 雲梢嫋嫋輕(운초요뇨경)
지팡이 짚고 나가 묵은 대껍질 떨어뜨리고 扶藜落晩籜(부려락만탁)
띠를 풀어서 새 줄기는 둘러싸네. 解帶繞新莖(해대요신경)[112]

도 29-1 사진 29-1

도 29-1. [소쇄원도] 하지 호안의 「협로수황(夾路脩篁)」
사진 29-1. '협로수황' 추정 위치

112 夾路(협로: 큰 길에서 갈라져 난 좁은 길. 낄 협, 길로) 脩篁(수황: 긴 대나무. 대숲 황) 雪(눈 설) 幹(줄기 간) 摐(두드릴 창, 소리가 크고 명랑한 모양) 梢(나뭇가지 끝 초) 嫋(예쁠 요, 바람에 산들산들 흔들리는 모양) 輕(가벼울 경) 扶(도울 부) 藜(명아주 려) 落(떨어질 락) 晩(늦을 만) 籜(대껍질 탁) 解(풀 해) 帶(띠 대) 繞(두를 요) 新(새 신) 莖(줄기 경).

좁은 길에 서 있는 키 큰 대나무의 관리를 구체적으로 읊고 있다. 묵은 대껍질은 벗기고, 새 줄기는 띠 풀어서 묶고 있다.

[소쇄원도]에는 입구의 하지(下池) 아래에 「협로수황(夾路脩篁)」이라 적고 대나무가 그려져 있으며, 하지의 남안에도 대나무가 그려져 있다.(도 29-1) 「투죽위교(透竹危橋)」로 들어가기 전이다.

현재, [소쇄원도]에 표현된 하지 주변의 길 쪽과 아래쪽 어느 곳에도 대나무는 존재하지 않는다.(사진 29-1) 소쇄원 주변의 많은 대나무를 이와 같이 표현한 것으로 생각된다.

대나무는 사군자이며, 세한삼우의 하나이다.

제30영 바위틈에 솟아나온 대나무 뿌리 迸石竹根(병석죽근)

흰 뿌리 티끌에 물들까 부끄러워 霜根恥染塵(상근치염진)
돌 위로 때때로 드러내네. 石上時時露(석상시시로)
몇 해나 죽순 자라게 했나 幾歲長兒孫(기세장아손)
곧은 마음 오랠수록 더욱 모질다네. 貞心老更苦(정심노갱고)[113]

바위에 뿌리내린 대나무의 성정에서 정조를 굳게 지키는 마음을 노래하고 있다. 즉 속세에 물들기 싫어 티끌 묻지 않은 바위에 뿌리내리는 절의를 읊고 있다.

백거이(白居易, 772~846)는 [양죽기(養竹記)][114]에서, '대나무는 뿌리의 단단함·성질의 곧음·속의 빔·마디의 곧음 등이 현명한 사람과 비슷하여 군자들이 정원에 많이 심는다. 그러므로 대나무를 기르듯 현인을 모셔야 한다.'고 말하고 있다.

113 迸(솟아나올 병) 恥(부끄러워할 치) 染(물들 염) 幾(기미 기, 몇) 兒孫(아손: 살아 있는 사람이 그 자손(子孫)을 일컫는 말. 죽순. 아이 아, 손자 손) 貞心(정심: 정조를 굳게 지키는 마음. 곧을 정) 更(다시 갱, 재차).

114 白居易, 養竹記, 古文眞寶後集 卷之五, … 竹本固 固以樹德, 竹性直 直以立身, 竹心空 空以體道, 竹節貞 貞以立志 ….

제31영 낭떠러지에 둥지 튼 새 絶崖巢禽(절애소금)

벼랑 가에서 펄펄 나는 새 翩翩崖際鳥(편편애제조)
때때로 내려와 물속에서 노네. 時下水中遊(시하수중유)
물마시고 쪼는 건 제 심성을 따르니 飮啄隨心性(음탁수심성)
백구와 저항하기를 서로 잊었네. 相忘抵白鷗(상망저백구)[115]

사진 31-3. 물 마시는 새

낭떠러지에 깃든 새가 펄펄 날며, 때때로 계곡에 내려와 물놀이를 하는 등 천성대로 사는 모습을 노래하고 있다.

현재 많은 관광객의 발길로 이와 같은 모습을 보기는 어려운 것 같다.

115 絶崖(절애: 깎아 세운 듯 한 낭떠러지) 巢禽(소금: 둥지에 사는 새. 보금자리 소, 날짐승 금) 翩(빨리 날 편) 際(사이 제) 鳥(새 조) 遊(놀 유) 飮啄(음탁: 새가 물을 마시고 모이를 쫌. 마실 음, 쪼을 탁) 抵(저항할 저) 白鷗(백구: 갈매기과에 딸린 물새. 흰 백, 갈매기 구).

제32영 무성한 대발에 저물어 날아드는 새 叢筠暮鳥(총균모조)

바위 가의 두어 떨기 대나무에 石上數叢竹(석상수총죽)
상비의 남은 눈물 얼룩졌네. 湘妃餘淚斑(상비여루반)
산새들 그 한을 알지 못하고 山禽不識恨(산금불식한)
땅거미 지면 저절로 돌아올 줄만 아네. 薄暮自知還(박모자지환)[116]

도 32-1 | 사진 32-1

도 32-1. [소쇄원도]의 「총균(叢筠)」, 「모조(暮鳥)」
사진 32-1. '총균모조'의 '총균(叢筠)'

대나무에 얼룩진 상비의 눈물 자국 알지 못하고, 산새들은 해저물면 돌아온다고 노래하고 있다.

제2구의 상비(湘妃)는 요(堯) 임금의 딸 아황(娥黃)과 여영(女英)이 함

116 叢筠(총균: 무더기로 난 대. 떨기 총, 대 균(대나무의 푸른 껍질)) 暮鳥(모조: 황혼이 들면 찾아드는 산새. 저물 모) 湘妃(상비: 상군(湘君), 또는 상부인(湘夫人)을 말함.) 餘(남을 여) 淚(눈물 루) 斑(얼룩 반) 識(알 식) 恨(한할 한) 薄暮(박모: 땅거미, 해가 진 뒤의 어스름. 엷을 박).

께 순(舜) 임금에게 시집갔다가 순임금이 창오(蒼梧)에서 죽자 상수에 빠져 죽어 물귀신이 되었다 한다. 진(晉)나라 장화(張華)의 [박물지(博物志)]에 '순임금의 두 부인이며 요임금의 두 딸을 '상부인(湘夫人)'이라고 한다. 순임금이 붕어하자 두 여자가 울어, 눈물이 대나무에 뿌려져 대나무에 무늬가 되었다.'[117] 또 남송의 축목(祝穆)이 지은 [고금사문유취(古今事文類聚)]에 '순임금이 남쪽 지방을 순행하다 돌아오지 못하고, 창오의 들판에 장사지냈다. 요의 두 딸 아황과 여영이 좇아 이르지 못하였다. 동정의 산에 이르러 눈물을 흘려 대나무에 적시니(染) 얼룩무늬(斑)가 되었다. 비가 죽어서 상수의 신이 되었다.'[118] 순임금 부인의 '눈물'이 변해서 생겼다고 하는 '반죽(斑竹)'의 '반(斑)'의 유래이다. 따라서 '반죽'을 '상비죽'이라고도 한다.

제4구의 '새들은 해가 지면 돌아올 줄 안다.'는 구절은 도연명의 '새들은 날다 지치면 돌아올 줄 안다.'[119]가 연상되는 부분이기도 하다.

[소쇄원도]에 「대봉대(待鳳臺)」 위쪽에 「총균(叢筠)」과 「모조(暮鳥)」라 적고 '총균' 옆에 대나무를, '모조' 옆에 새를 그리고 있다.(도 32-1)

현재 '대봉대' 바로 옆의 '총균'에 해당하는 곳에는 대나무가 자라고 있다.(사진 32-1, 사진 11-3)

반죽(斑竹[120], *Phyllostachys bambusoides* Sieb. et Zucc. f. *lacrima-deae* Keng f. et Wen)은 벼과의 하나로 줄기에 흑색 반점이 있다.

---

117 舜之二妃堯之二女也. 曰湘夫人. 舜崩二女啼. 以涕揮竹. 竹斑.

118 舜. 南巡不返. 葬於蒼梧之野. 堯二女蛾皇女英.追之不及. 至洞庭之山.淚下染竹. 卽斑. 妃死. 爲湘水神.

119 陶淵明, 歸去來辭, 고문진보후집 권지일, … 鳥倦飛而知環 ….

120 중국 조경학과 교수에게 물었으며, 담양 대나무 품종원 (http://www.grudesign.com/b/b.php?b=48)에서도 반죽은 Phyllostachys bambusoides for. lacrima-deae이다.

제33영 끝짜기 물가에서 졸고 있는 오리 　 壑渚眠鴨(학저면압)

하늘이 유인에게 부여한 계책은	天付幽人計(천부유인계)
맑고 시원한 한 시내 샘물이라네.	淸冷一澗泉(청랭일간천)
아래로 흐르는 물은 모두 관리하지 않고	下流渾不管(하류혼불관)
나눠주어 (물가에서) 오리 한가히 졸게 하네.	分與鴨閑眠(분여압한면)[121]

도 33-1	사진 33-1
도 33-2	사진 33-2

도 33-1. [소쇄원도]의 「광풍각」 앞 계곡의 오리
사진 33-1. 광풍각 앞 계곡
도 33-2. [소쇄원도] 소쇄원 입구
사진 33-2. 소쇄원 입구 계곡의 오리

121 渚(물가 저) 鴨(오리 압) 付(줄 부) 幽人(유인: 어지러운 속세를 피하여 깊숙한 곳에 숨어 사는 사람.) 計(셀 계, 꾀할 결, 계획, 계략) 冷(찰 냉) 澗(산골물 간) 渾(모두 혼) 管(관리할 관).

하늘이 유인(幽人)에게 내려준 맑고 시원한 샘물을 오리에게도 나눠주어 함께하고 있음을 노래하고 있다.

하서는 또 다른 시 '언진형의 임정을 방문하다.'에서 '오리 떼 물 위에서 도리어 둥둥 정답게 놀고, 길게 흐르는 시냇물 끊임없이 저절로 졸졸 흐르네.'[122]라고 노래하고 있다.

[소쇄원도]에 광풍각 앞의 계곡 흐름에 두 마리의 오리가 놀고 있다.(도 33-1)

현재, 광풍각 앞 계곡에서 졸고 있는 오리는 볼 수 없고, 소쇄원 입구의 계곡에서 놀고 있는 오리 모습을 볼 수 있다.(사진 33-1, 사진 33-2) [소쇄원도]에 소쇄원의 입구에 홍교가 걸려 있는 모습이 그려져 있으나 현재는 콘크리트로 포장하여 원로와 연결하고 있다.(도 33-2, 사진 33-2)

122 김인후, 訪彦鎭兄林亭, 河西先生全集 卷之十 / 七言律詩, … 羣鴨有情還泛泛 長溪無任自潺潺 ….

제34영 세찬 여울 가의 창포 激湍菖蒲(격단창포)

듣자니 시내 가의 풀은 聞說溪傍草(문설계방초)
능히 아홉 마디에 향기를 머금었다네. 能含九節香(능함구절향)
날리는 여울 물 날마다 뿜어대니 飛湍日噴薄(비단일분박)
한 빛으로 더위와 서늘함을 꿰뚫었네. 一色貫炎凉(일색관염량)[123]

도 34-2 | 사진 34-2

도 34-2. [소쇄원도] '원규투류' 전면 물가의 창포
사진 34-2. '원규투류'에 창포는 없다.

계곡 가의 창포를 보며 구절향(九節香)을 머금었다고 노래하고 있다. 즉 세찬 여울가에 자라고 있는 창포를 신선이 먹고 장수한다고 하는 구절향과 연관하여 노래함으로서 4영 부산오암에 이어 또 다른 신선계를 연상하게 한다.

제2구의 '아홉 마디에 향기를 머금은' 즉 구절향(九節香)은 [신선전(神仙傳)] '왕흥(王興)'에서 한무제(漢武帝)가 숭산(崇山)에 올랐을 때 신선

123 激湍(격단: 몹시 세차게 흐르는 여울. 격할 격(부딪쳐 흐르다), 여울 단) 菖蒲(창포: 천남성과에 속한 여러해살이 풀. 창포 창, 부들 포) 聞(들을 문) 說(말씀 설) 傍(곁 방) 含(머금을 함) 九節香(구절향, ☞해석. 아홉 구, 마디 절, 향기 향) 噴(뿜을 분) 薄(엷을 박, 적다) 貫(꿸 관) 炎凉(염량: 더위와 서늘함을 세력의 성함과 쇠함에 비유.)

의 말에서 나온다. '나는 구의산(九疑山)의 신이다. 듣자하니 중악산(中岳山)의 돌 위에 한 치(寸)에 마디가 9개인 창포가 있다고 하는데 자고로 이것을 캐다 먹으면 가히 장수(長壽)할 것이니 어서 가서 캐다 먹도록 하여라.'[124] 또 [포박자(抱朴子)]에는 '창포(菖蒲)가 돌 위에서 나서 한 마디에 마디가 9개(一寸九節)에 자줏빛 꽃을 핀 것이 가장 좋다.'고 했다. 사방득(謝枋得, 1226~1289)의 '창포가(昌蒲歌)'에 '… 사람들 말에 창포는 종류가 여러 가지인데, 상품은 한 줄기에 아홉 마디가 있어 신선의 영에 통하네. …'[125]라고 노래하고 있다. 하서는 창포를 '구절포(九節蒲)'라 하고 '구절포가(九節蒲歌)'[126]를 노래하였다.

[소쇄원도]에 '격단창포'를 구체적으로 표기하고 있지는 않다. '원규투류' 앞의 오곡류 근처에 풀이 그려져 있는데(도 34-2) 이것이 창포를 표현한 것으로 추측된다. 현재 '원규투류'의 계곡에는 식물이 자라고 있지 않으며, 창포도 볼 수 없다.(사진 34-2, 사진 14-1)

우리나라에서 자라는 창포류는 낙엽성인 창포와 상록성인 석창포 두 종이 있는데, 석창포는 근경이 가늘고 잎이 좁으며 짧고, 물가의 바위틈에 붙어 자라고, 겨울에도 잎이 시들지 않아 관상적 가치도 뛰어나다고 한다. 석창포 중에서 근경 한 치에 9절인 것을 구절창포라 하며 가장 귀하게 여겼다.[127] 석창포(石菖蒲, *Acorus gramineus* Sol.)는 천남성과의 상록 여러해살이풀이다.

---

124 갈홍 저·김장환역(2010), 신선전, 지만지 고전선집, 79쪽, … 吾九疑山神也 聞中岳石上 菖蒲一寸九節 可以服之長生 故來採耳 …, 神仙傳 卷三 王興.

125 사방득, 昌蒲歌, 古文眞寶前集 卷之八, … 人言昌蒲非一種 上品九節通仙靈 …. 仙靈(선령, 인간 세상을 떠나 산속에 살며, 불로불사의 기술을 닦고 신통력을 얻은 사람).

126 김인후, 九節蒲歌, 河西先生全集 卷之四, 七言古詩. ; 筆巖書院(1993), 앞의 책 상, 529~531쪽. 3장에 전문을 싣는다.

127 오병훈(2017), 여인들이 좋아했던 방향식물, 담다 16, 14~17쪽, 국립낙동강생물자원관.

제35영 비스듬한 처마에 핀 사계화 斜簷四季(사첨사계)

저절로 꽃 가운데 으뜸(聖)으로 정해졌으니	定自花中聖(정자화중성)
맑고 부드러움이 사시에 갖추어짐이라.	淸和備四時(청화비사시)
초가집 처마는 비스듬한 것이 더욱 좋으니	茅簷斜更好(모첨사갱호)
매화와 대나무도 이것을 서로 아는구나.	梅竹是相知(매죽시상지)[128]

초가의 비스듬한 처마에 핀 사계를 꽃 중의 으뜸(花中聖)이라 하며, 매화나무와 대나무도 이것을 안다고 노래하고 있다.

[소쇄원도]에 표시는 없다.

초가의 비스듬한 처마에 피는 것이 좋다고 하니 초정인 대봉대 근처에 사계화가 있었을 것으로 추측된다.

사계화(四季, *Rosa chinensis* JACQUIN)[129]는 장미과의 낙엽활엽관목으로, 봄·여름·가을·겨울에 꽃을 피우므로 사계(四季)라는 이름을 얻었다. 월계화(月季花), 장춘화(長春花: 양화소록)라고도 한다.

사계화(四季花)[130]

_성근보(成謹甫, 1418~1456)

봄에 피어도 역시 좋고	春開看亦好(춘개간역호)
여름에 피어도 역시 좋고	夏開看亦好(하개간역호)

128 斜簷(사첨: 비스듬한 처마. 비낄 사, 처마 첨) 四季(사계: 사계화를 말함. 끝 계(계절)) 定(정할 정) 聖(성스러울 성) 備(갖출 비) 四時(사시: 봄, 여름, 가을, 겨울의 네 계절을 아울러 이르는 말. 한 달 중의 네 때. 하루 중의 네 때) 茅(띠 모) 好(좋아할 호).

129 국가생물종지식정보시스템(www.nature.go.kr)에 월계화로 등재되어 있다.

130 성삼문, 四季花, 匪懈堂四十八詠幷引, 成謹甫先生集 卷之一, 詩.

가을 겨울도 역시 이와 같으니 秋冬亦如此(추동역여차)
너와 함께 여생을 함께 하리라. 與爾終偕老(여이종해로)

위 시 사계화는 사육신의 한사람인 성삼문이 지은 시로 사계화와 같이 여생을 함께할 사람을 노래하고 있다.

제36영 복사꽃 언덕의 봄 새벽 桃塢春曉(도오춘효)

봄이 복사 꽃 언덕에 찾아드니	春入桃花塢(춘입도화오)
만발한 붉은 꽃들이 새벽안개에 흐드러지네.	繁紅曉霧低(번홍효무저)
바윗골 안이 어렴풋하니	依微巖洞裏(의미암동리)
마치 무릉계곡을 건너는 것 같구나.	如涉武陵溪(여섭무릉계)[131]

도 36-1	
사진 36-1	사진 36-2

도 36-1. [소쇄원도]의 「도오(桃塢)」
사진 36-1. 소쇄원의 '도오': 정면에서
사진 36-2. 소쇄원의 '도오': 측면에서

131 桃(복숭아 도) 塢(둑 오, 언덕) 春曉(춘효: 봄철의 새벽. 봄 춘, 새벽 효) 紅(붉을 홍) 曉霧(효무: 새벽 무렵에 끼는 안개. 새벽 효, 안개 무) 依(의지할 의) 微(작을 미, 어렴풋하다.) 洞(골 동) 裏(속 리) 如(같을 여) 涉(건널 섭) 武陵溪(무릉계: 무릉도원(武陵桃源)).

복사꽃 핀 봄날의 새벽, 새벽안개와 어우러진 소쇄원은 무릉계곡의 별천지가 되고 있음을 노래하고 있다.

제4구의 무릉계곡을 건너는 것과 같다는 표현에서 도연명의 [도화원기][132]에 나오는 '무릉도원(武陵桃源)'의 이상세계를 보고 있음을 알 수 있다. 즉 조영자가 소쇄원에 이상향을 구현하고 있다. 또 양천운(1614)은 '무릉도원이 바로 여기에 있다고 말하고, 복숭아는 술안주로 사용하였다.'고 한다.[133]

[소쇄원도]에는 「광풍각」 뒤·왼쪽에 「도오(桃塢)」라 적고 (복사)나무 한 그루와 난이 그려져 있다.(도 36-1) 광풍각의 오른쪽에도 유사한 수목이 식재되어 있다. '도오(桃塢)'의 '오(塢)'는 꽃을 식재한 화단(花壇)의 명칭으로 사용되는 것으로 중국 양무제(梁武帝, 464~549)의 '자야가(子夜歌)'에 '화오(花塢)'가 기록되어 있으며[134], 고려시대의 기록에도 보인다.[135] 소쇄원의 '도오(桃塢)'는 복숭아나무가 식재된 화단이라는 의미로 사용된 것이다.

현재 [소쇄원도]의 「도오(桃塢)」에 해당하는 곳은 광풍각의 뒤, 왼쪽 사면에 보이는 한단 높은 경사면을 구획한 길이 5.4m, 너비 5.1m 규모의 공간으로 보이며, 최근에 심은 복사나무가 있다.(사진 36-1, 사진 36-2) 복사나무(桃, *Prunus persica* (L.) Batsch)는 장미과의 낙엽 활엽 소교목으로 과일인 복숭아가 열린다. 천도(天桃), 반도(蟠桃), 선도(仙桃)라고도 한다.

---

132 陶淵明, 桃花源記, 陶淵明集 卷五 ; 幸田露伴 교열, 漆山又四郎 역주(1942), 陶淵明集, 東京: 岩波書店, 191~196쪽. 3장에 관련 부분을 싣는다.

133 양천운(1614), 앞의 글, 十六, … 蓬萊何處, 桃源在斯。… 有園桃而殽實 ….

134 梁武帝, 子夜四時歌 · 春歌之四, … 花塢蝶雙飛, 柳堤鳥百舌. 不見佳人来, 徒勞心斷絕 ….

135 정지상(鄭知常, 1084~1135), 취후(醉後), 보한집 ; 이색, 즉사, 목은시고 등 ; 尹国炳(1985), 高麗時代의 庭園用語에 관한 연구, 韓国庭園学会誌. 1(1), 28~40쪽.

제37영 오동나무 언덕에 드리운 여름 그늘 桐臺夏陰(동대하음)

바위 벼랑까지 묵은 오동 줄기 이어 있으니	巖崖承老幹(암애승로간)
비와 이슬의 혜택으로 맑은 그늘을 길러내네.	雨露長淸陰(우로장청음)
순임금의 날이 천고에 밝아	舜日明千古(순일명천고)
남풍가를 지금도 읊는다네.	南風吟至今(남풍음지금)[136]

도 37-1 사진 37-2

도 37-1. [소쇄원도]의 「동(桐)」
사진 37-2. 소쇄원의 오동나무

오동나무 줄기가 계곡의 벼랑까지 이어져 여름날의 그늘을 제공하는 것처럼, 태평 성대한 순임금의 시대에 백성의 편안함을 기원한 남풍가가 지금도 읊어지고 있다고 노래하고 있다. 상쾌하고 평화로운 모습을

136 桐(오동나무 동) 夏(여름 하) 承(이을 승) 雨露(우로: 비와 이슬을 아울러 이르는 말) 舜日(순일: 중국 순임금이 나라 다스리던 태평한 때) 千古(천고: 아주 오랜 세월) 南風(남풍: 남쪽에서 불어오는 따뜻한 바람으로 임금의 덕이나 은혜를 비유. 남녘 남) 至今(지금: 예로부터 이제에 이르기까지. 이를지).

노래하고 있다.

제4구의 '남풍가(南風歌)'[137]는 순(舜) 임금이 오동나무로 오현금(五絃琴)을 처음으로 만들어 남풍가(南風歌)를 지어 불렀다는 고사가 있다.

남풍가(南風歌)

남풍의 훈훈함이여,	南風之薰兮(남풍지훈혜)
우리 백성의 근심을 풀어 주기를.	可以解吾民之慍兮(가이해오민지온혜)
제때에 부는 남풍이여,	南風之時兮(남풍지시혜)
우리 백성의 재산을 늘려 주기를.	可以阜吾民之財兮(가이부오민지재혜)

[소쇄원도]에는 「대봉대(待鳳臺)」 앞에 「동(桐)」이라 적고 (오동)나무 한 그루가 그려져 있다.(도 37-1)

현재 근래에 심은 오동나무가 '대봉대' 앞에 서 있다.(사진 37-2)

137 孔子家語 辨樂解 第三十五 ; 禮記 樂記, … 昔者 舜彈五絃之琴 造南風之詩 其詩曰 ….

제38영 오동나무 그늘에 쏟아지는 폭포 梧陰瀉瀑(오음사폭)

무성한 푸른 잎 그늘 이루었는데	扶疎綠葉陰(부소녹엽음)
어젯밤에 시냇가에 비가 내렸네.	昨夜溪邊雨(작야계변우)
난무하는 폭포 가지 사이로 쏟아지니	亂瀑瀉枝間(난폭사지간)
도리어 흰 봉(황)새 춤추는 듯 하네.	還疑白鳳舞(환의백봉무)[138]

비온 후에 부서지는 폭포(사진 3-2)를 무성한 오동나무 잎 사이로 보며, 마치 흰 봉(황)새가 춤추고 있는 것 같다고 노래하고 있다.

폭포는 [소쇄원도]의 조담 아래에 「폭(瀑)」이라 적힌 곳(도 21-1, 도 25-1)을 말하는 것 같다.

오동나무 심는 뜻은 봉황을 기다림이다. 태평성대의 전조로 알려진 봉황(鳳凰)은 오동나무가 아니면 깃들지 않고, 대나무 열매가 아니면 먹지를 않으며, 예천을 마신다[139]고 전해지고 있는 것으로, 성덕(聖德)의 천자(天子)가 나타날 징조로서 세상에 나타난다고 한다.

37영과 38영은 순임금의 남풍가가 불리고 봉새가 춤추듯 태평한 시대를 기다리는 조영자의 마음이 담긴 노래로, 봉새를 기다리는 '대봉대(待鳳臺)'를 중심으로 봉황이 먹는다는 대나무열매가 열리는 대나무, 봉황이 깃든다는 오동나무, 그리고 약천이 있는 공간을 조성한 것이다.

현재 대봉대의 남쪽, 담장 쪽에 오동나무가 심어져 있다.(사진 37-2) 최근에 심은 나무로 [소쇄원48영]과 [소쇄원도]에서 표현하고 있는 녹음을 주는 역할, 나무사이로 폭포를 조망할 수 있는 경관을 형성하지는

138 梧(오동나무 오) 瀉瀑(사폭: 쏟아지는 폭포. 쏟을 사, 폭포 폭) 綠葉(녹엽: 푸른 잎. 초록빛 록, 잎 엽) 昨(어제 작) 枝(가지 지) 疑(의심할 의) 鳳(봉새 봉) 舞(춤출 무).

139 詩經 大雅 卷阿 箋, … 鳳凰之性, 非梧桐不止, 非竹實不食, … ; 莊子 第十七篇 秋水 第七章, … 夫鵷鶵 發於南海而飛於北海 非梧桐不止, 非練實不食, 非醴泉不飲, ….

못한다.

오동나무에 대하여, 면앙정(俛仰亭)은 '외사촌 동생 처사 양언진 산보의 소쇄정에서 읊다.' 에서 '산 폭포는 오동나무 그늘로 쏟아지네.'[140]라고 읊고 있다. 또 [유서석록]에는 '처마 앞에는 벽오동이 마주대하고 있는데 매우 오래되어 가지가 반쯤 썩어 있었다.'[141]라고 적고 있어, 1574년 제봉이 소쇄원을 방문한 당시에 대봉대 처마 앞의 오동나무의 상태가 좋지 않았음을 알 수 있다. 그리고 양천운(1614)은 '… 오동나무 심으니 긴 녹음이 여름날에 비취색 우산을 펴주며, …'[142]라고 적고 있다.

오동나무(梧桐, *Paulownia coreana* Uyeki(Korean Paulownia))는 현삼과의 낙엽활엽교목이다. 오동나무의 수종, 식재, 효용성에 대하여는 다양하다.[143]

140 宋純(1534), 앞의 글, … 山瀑瀉梧陰 ….

141 고경명(1574), 앞의 글 … 當簷有碧梧甚古 枝半朽 ….

142 梁千運(1614), 앞의 글, 소쇄원사실 권지사, 十六, … 栽梧長綠陰, 展翠傘於夏日 ….

143 홍형순(2013), 전통정원에서 '오동(梧桐)'의 수종, 식재 위치와 경관적 활용, 한국전통조경학회지 31(2), 20~30쪽.

제39영 버드나무 물가에서 손님맞이 柳汀迎客(유정영객)

나그네 와서 대사립문 두드리니	有客來敲竹(유객래고죽)
두어 소리에 낮잠을 깨었네.	數聲驚晝眠(수성경주면)
관을 쓰고 사과함을 미치지 못했는데	扶冠謝不及(부관사불급)
말 매놓고 물가에 서 있네.	繫馬立汀邊(계마입정변)[144]

도 39-1 | 사진 39-1

도 39-1. [소쇄원도]의 「유정(柳汀)」
사진 39-1. '유정' 추정 위치

낮잠을 자다 놀라 깨어 물가의 버드나무에서 손님을 맞이한다고 읊고 있다.

소쇄공은 '도연명과 주무숙을 사모하여 귀거래사와 오류선생전, 산해경, 통서, 애련설, 태극도 등을 문방에 항상 가까이 하였다.'[145]고 한다. 도연명의 [오류선생전]에 '… 집 주위에 다섯 그루의 버드나무를 심고

---

144 柳(버드나무 유) 汀(물가 정) 迎(맞을 영) 客(손님 객) 敲(두드릴 고) 晝(낮 주) 冠(갓 관) 謝(사례할 사, 사과하다) 繫馬(계마: 말을 붙들어 맴. 맬 계, 말 마) 立(설 립).

145 瀟灑園事實 卷之二 十, 實記, … 先生嘗慕 陶淵明 周茂叔 列題 歸去來辭 五柳先生傳 山海經 通書 愛蓮說 太極圖 等篇 于文房左右 ….

스스로 오류선생이라 부를 뿐이다. …'[146]라고 말하고 있다. 버드나무의 식재는 도연명을 따르고자 하는 마음을 담고 있음을 알 수 있다.

[소쇄원도]에는 「광풍각(光風閣)」 오른쪽 기단 아래·계곡 쪽에 가지가 늘어진 버드나무 한 그루가 그려져 있고 「유정(柳汀)」이라 적고 있다.(도 39-1) 즉 '유정'은 '광풍각'으로 오는 손님이 말을 매어 놓고 기다리는 대합실과 같은 역할을 한 것으로 추측된다. 이 「유정(柳汀)」에는 「투죽위교(透竹危橋)」를 통과하여 들어온다.

현재 '유정'에 해당하는 위치에는 최근에 심은 어린 버들이 있기는 하나 존재감은 없다.(사진 39-1)

버드나무(柳)는 버드나무과의 낙엽활엽교목으로 '유정'의 버드나무는 능수버들(*Salix pseudo-lasiogyne* H.Lév.)인 것 같다.[147]

---

146 도연명, 五柳先生傳, 고문진보후집 권지이, … 宅邊有五柳樹 因以爲號焉 ….
147 능수버들의 영어명은 Korea Weeping Willow이다.

제40영 시내 건너편 연꽃 隔澗芙蕖(격간부거)

깨끗하게 심어진 비범한 화훼 淨植非凡卉(정식비범훼)
한가로운 자태 가히 멀리서 볼 만하네. 閒姿可遠觀(한자가원관)
향기로운 바람이 골짜기를 빗겨 건너와 香風橫度壑(향풍횡도학)
방안에 들어오니 지란보다 좋구나. 入室勝芝蘭(입실승지란)[148]

도 40-2 사진 40-2

도 40-2. [소쇄원도]의 하지(下池)와 「광풍각(光風閣)」
사진 40-2. 광풍각 빗겨 건너의 못(하지)

148 隔(구획 지을 격, 간격) 芙(연꽃 부) 蕖(부거(연꽃) 부) 非(아닐 비, 비방하다) 卉(풀 훼) 遠(멀 원) 度(법도 도, 건너다) 室(집 실, 방) 芝蘭(지란: 지초(芝草)와 난초(蘭草) 모두 향기 나는 풀, 높고 맑은 재질을 비유할 때 쓰는 말, (남의 집의) 똑똑하고 영리한 아들의 비유).

시내 건너편 못에 심어진 연꽃의 향기가 바람타고 골짜기를 건너 방안으로 들어오니, 그 향기가 지초와 난초보다 낫다고 노래하고 있다.

부거(芙蕖)는 연을 말하는 것으로, [이아(爾雅)][149]에 '하(荷)는 부거(芙蕖)이다. 그 줄기는 가(茄), 그 잎은 하(蕸), 그 본(本, 수중경)은 밀(蔤), 그 꽃은 함담(菡萏), 뿌리는 우(藕), 그 열매는 연(蓮), 그 속은 적(菂), 적(菂)의 속은 의(薏)라 한다.'고 하여, 연의 줄기, 잎, 꽃, 열매 등의 이름을 구별하고 있다.

시구의 정식(淨植), 가원관(可遠觀), 향풍(香風) 등은 주돈이의 [애련설][150]에 '향기는 멀수록 더욱 맑고(香遠益淸), 우뚝하고 깨끗하게 서 있으며(亭亭淨植), 멀리서 바라볼 수는 있으나(可遠觀) 함부로 가지고 놀 수는 없음이라.'라고 한 부분에서 온 것이다. 소쇄공은 주돈이를 사모하여 애련설과 태극도설 등을 항상 함께 하였다고 한다.

[유서석록]에 '대나무 서쪽에는 연지(蓮池)가 있는데, 돌로 쌓고 시냇물을 끌어들여 꾸며 작은 못(小池)을 이루었다.'[151]라고 기록하고 있다. 위치가 조금 다른 듯 하지만 소쇄원에 연을 심은 연지가 있었음을 알 수 있다.

[소쇄원도]의 하지에 물고기와 수초(연과 순채) 등이 그려져 있다.(도 40-2, 도 41-1)

현재 소쇄원에서 연은 볼 수 없다.(사진 40-2, 사진 41-1)

부거(芙蕖, *Nelumbo nucifera* Gaertn.)는 연 전체를 이르는 말로 부용(芙蓉)이라고도 하며, 수련과의 다년생 수초이다. [애련설]에서 '연은 군자(君子)'라고 말하고 있다.

---

149 최형주·이준영 편저(2001), 爾雅注疏, 자유문고, 293~294쪽.

150 주돈이, 애련설, 고문진보후집 권지십. … 香遠益淸 亭亭淨植 可遠觀而不可褻翫焉. … 3장에 전문을 싣는다.

151 고경명(1574), 앞의 글, … 竹西有蓮池。甃以石引。小池 ….

제41영 못에 흩어져 있는 순채 싹 散池蓴芽(산지순아)

장한이 강동으로 떠난 후로 張翰江東後(장한강동후)
풍류를 아는 이 그 누구인고. 風流識者誰(풍류식자수)
모름지기 옥 같은 농어회에 같이 섞을 필요 없고 不須和玉膾(불수화옥회)
요컨대 순채가 자라난 것을 보리라. 要看長氷絲(요간장빙사)[152]

도 41-1 사진 41-1

도 41-1. [소쇄원도]의 「산지순아(散池蓴芽)」
사진 41-1. 하지와 산지순아

장한강동(張翰江東)의 고사를 들고, 농어회 없이 순채 만으로도 풍류를 즐길 수 있음을 노래하고 있다.

진나라의 장한(張翰, ?~359?)은 세상이 난리가 날 듯하자 가을바람을 핑계하여 '인생은 뜻에 만족함이 제일인데, 고향 송강(松江)의 순채(蓴菜)와 농어회(鱸魚膾)의 좋은 맛을 두고 천리 밖 객지에서 이름과 벼슬을 구할 것이 무엇인가?'라고 하고 강동(江東)으로 돌아가 술 마시

152 蓴(순채 순) 芽(싹 아) 張翰江東(장한강동: 중국 진나라의 장한이 자기 고향의 명산인 순채와 농어회를 먹기 위해 벼슬을 그만 두고 강남으로 귀향했다는 고사. 베풀 장, 날개 한, 강 강, 동녘 동) 誰(누구 수) 玉膾(옥회: 좋아하는 맛있는 회. 여기서는 농어회. 회 회) 要(구할 요) 氷絲(빙사: 고기비늘 모양의 무늬가 있는 비단의 뜻, 여기서는 순채의 싹. 실 사).

기를 즐겼다고 한다. 순챗국과 농어회라는 뜻으로, 고향을 그리워하는 마음을 이르는 '순갱노회(蓴羹鱸膾)'[153]라는 말이 있다.

[소쇄원도]의 하지(下池)에는 못 안에 물고기와 수초가 그려져 있고, (동쪽)호안에는 「산지순아(散池蓴芽)」라고 적고 있다.(도 41-1) 못 안에 순채 싹이 흩어져 있음을 명시하고 있다.

현재 하지는 규모 7.8m×4.3m의 방지(方池)로서, 못 안에는 물고기는 물론 순채 등의 수초도 보이지 않는다.(사진 41-1, 사진 40-2)

순채(蓴, *Brasenia schreberi* J.F.Gmelin)는 순채(蒓菜), 부채(鳧菜), 순사(蓴絲) 등으로 불리는 수련과의 다년생 수초(水草)로, 암홍색의 꽃이 핀다. 순채나물은 이미 말한 진나라의 장한이 벼슬을 그만두고 귀향할 정도의 고향 맛이라고 하는데, 점액질이 있는 어린 싹을 식용한다.

---

153 [진서(晉書)] '문원전(文苑傳)'; 민중서림 편집국 편(2011), 한한대자전, 민중서림, 1959쪽.

제42영 산골물 가까운 곳에 핀 자미　　襯澗紫薇(츤간자미)

세상엔 한가한 꽃이라도　　世上閒花卉(세상한화훼)
대개 열흘 가는 향기 없음이라.　　都無十日香(도무십일향)
어찌 산골 물가에 임한 (자미)나무는　　何如臨澗樹(하여임간수)
백일을 붉은 꽃을 대하게 하는가.　　百夕對紅芳(백석대홍방)[154]

도 42-1 사진 42-2

도 42-1. [소쇄원도]의 「자미(紫薇)」
사진 42-2. 소당과 추정 수대 위치 사이의 자미

세상에 열흘 가는 꽃이 없는데, 어찌하여 산골에 핀 자미는 백일동안 붉은 꽃을 나에게 대하게 하는가?라고 읊고 있다. 계곡에 오래 피는 붉은 자미를 노래하고 있다.

[소쇄원도]에는 「소당(小塘)」과 「수대(水碓)」 사이에 수목이 그려져 있고, 「자미(紫薇)」라 적고 있다.(도 42-1)

현재 [소쇄원도]에 보이는 '자미'의 위치에 해당하는 곳에 당시의 자

154 襯(가까이할 츤) 紫薇(자미: 배롱나무. 자줏빛 자, 장미 미) 都(서울 도, 대개) 百(일백 백) 芳(향기 방).

미는 없고 '소당'과 '수대' 추정지로 추측되는 사이에 몇 그루의 자미가 식재되어 있다.(사진 42-2, 사진 7-2, 사진 7-5) 소쇄원에서 경관을 이루는 자미는 현재 광풍각 뒤 담장에서 볼 수 있다.

자미(紫薇, *Lagerstroemia indica* L.)는 배롱나무이며, 부처꽃과의 낙엽 활엽교목이다. '파양수(怕揚樹)', '저금 타는 낭'(간지럼을 타는 나무란 뜻의 제주 방언), '원숭이가 미끄러지는 나무' 등 다양한 별칭을 가지고 있다. 수피가 얇게 벗겨져 평활하여 미끄러운 모양을 한 것에서 연유하여 붙여진 이름이 많다. 중국에서는 '자미화(紫微花)'라 부르는데, 배롱나무가 많은 당나라 장안의 성읍을 '자미성'이라 부를 정도이다. 가지 끝에 달린 원뿔모양꽃차례에서 작은 꽃들이 차례대로 연속하여 피고 진다. '목백일홍(木百日紅)'이라고도 한다.

소쇄원 근처에는 자미나무가 많이 심어져 있다. 소쇄원 계곡에서 식영정 앞에 이르는 시냇물 가에는 자미가 줄지어 곱게 피어 있어 이 시냇물을 '자미탄(紫薇灘)'이라 불렀다고 한다. 근거리에 고목의 배롱나무가 우거진 '명옥헌'이 있다.

자미화(紫薇花)

_백낙천(白樂天, 772~846)

사륜각에 문서 정리 조용하고	絲綸閣下文書靜(사륜각하문서정)
종고루의 물시계 소리 오래 되었네.	鐘鼓樓中刻漏長(종고루중각루장)
황혼에 홀로 앉았으니 누가 내 벗이 될꼬	獨坐黃昏誰是伴(독좌황혼수시반)
자미화만이 자미랑과 서로 마주하였네.	紫薇花對紫薇郎(자미화대자미랑)

이 시는 백낙천이 소주 자사(蘇州刺史)로 폄직되었을 때 지은 시로, 사륜각의 자미화에 대하여 자신을 자미랑이라 칭하고 있다. 이 시로부터 사륜각 즉 자미성에서 일하는 사람을 자미랑이라 칭하게 되었다.

제43영 빗방울 떨어지는 파초 滴雨芭蕉(적우파초)

어지러이 은화살 던지니	錯落投銀箭(착락투은전)
너울거리며 춤추는 푸른 비단.	低昂舞翠綃(저앙무취초)
고향 생각하며 듣는 소리와 비교할 수 없으나	不比思鄕廳(불비사향청)
적막함 깨뜨려 주니 오히려 사랑스러워라.	還憐破寂寥(환련파적료)[155]

도 43-1 도 43-1. [소쇄원도]의 「파초(芭蕉)」

사진 43-1 사진 43-1. 제월당의 파초: 현재는 없다

155 滴(물방울 적, (물방울이)떨어지다) 芭蕉(파초: 파초과에 속한 여러해살이풀. 파초 파, 파초 초) 錯落(착락: 뒤섞임. 어긋날 착) 投(던질 투) 銀箭(은전: 빗방울. 은 은, 화살 전) 低昂(저앙: 낮아졌다 높아졌다 하는 것. 오를 앙) 翠(푸를 취) 綃(생사(生絲) 초) 比(견줄 비) 思鄕(사향: 고향을 그리며 생각함) 破(깨뜨릴 파) 寂寥(적요: 적적하고 쓸쓸함. 고요할 적, 쓸쓸할 요).

사진 43-2. 소쇄원의 파초: 현재

은화살 같은 빗방울에 너울거리며 춤추는 푸른 비단 파초 잎이 고향을 생각나게 한다고 노래하고 있다. 빗방울을 은화살에, 파초 잎의 흔들림을 푸른 비단 춤으로 비유하여 자연의 소리를 즐기고 있다.

[소쇄원도]에는 제월당의 마당 우측, 즉 기단 아래의 담장 쪽에 그리고 「파초(芭蕉)」라 적고 있다.(도 43-1) 소쇄원 입구의 담장이 시작되는 곳에도 유사한 모습의 식물이 그려져 있다.

현재 제월당 마당에서 [소쇄원도]에 위치한 파초는 볼 수 없고, 제월당 쪽에 오래된 석류가 보인다.(사진 43-1) 조사 당시 제월당 뒤에 파초가 식재되어 있었다.(사진 43-2) 제월당 마당에 식재를 복원했으나 관람객 등에 의해 견디지 못했다고 한다. 우리 모두에게 전하는 바가 있는 말이다.

파초(芭蕉, *Musa basjoo* Siebold & Zucc.)는 파초과의 다년생 관엽식물

로 중국에서 도래하였다. 추위에 약한 식물로서, 조영자의 식물에 관한 관심을 엿볼 수 있다.

파초(芭蕉)

_장재(張載, 1020~1077)

파초의 심 다하여 새 가지가 펼쳐지니	芭蕉心盡展新枝(파초심진전신지)
새로 말린 새 심이 몰래 이미 따르네.	新卷新心暗已隨(신권신심암이수)
새 심으로 새 덕 기르길 배우고 싶어라	願學新心養新德(원학신심양신덕)
이내 새 잎 따라 새 지식이 생겨나네.	旋隨新葉起新知(선수신엽기신지)

먼저 나온 잎이 어느 정도 자라면 곧이어 새로운 잎이 말려 나오는 파초의 생태에서 훌륭한 덕성(인격)과 새로운 지식(학문)을 추구하는 마음이 나타나 있다. 사랑채와 사원 뜰에 파초를 심는 의미이다.

제44영 골짜기에 비치는 단풍　　映壑丹楓(영학단풍)

가을이 오니 바위 골짜기 서늘하여　　秋來巖壑冷(추래암학랭)
단풍잎 이른 서리에 놀라 물들었네.　　楓葉早驚霜(풍엽조경상)
고요하게 노을빛깔 흔들리니　　寂歷搖霞彩(적력요하채)
나부끼는 모습 거울에 비춰 빛나네.　　婆娑照鏡光(파사조경광)[156]

도 44-1 | 사진 44-2

도 44-1. [소쇄원도]의 「풍(楓)」
사진 44-2. 도오 동쪽의 단풍: 최근 식재

서늘한 가을 골짜기에 물든 단풍이 저녁노을에 흔들리며 개울물에 비춰 빛나고 있음을 노래하고 있다. [소쇄원도]에는 「도오(桃塢)」의 동쪽 끝·섬돌 안쪽에 수목이 그려져 있고 「풍(楓)」이라 적고 있다.(도 44-1) 현재 도오의 동쪽 끝에 최근에 심은 어린 단풍이 있다.(사진 44-2, 사진 22-2)

단풍(丹楓, *Acer palmatum* Thunb.)은 단풍나무과 낙엽활엽교목이다.

---

156 丹(붉을 단) 楓(단풍나무 풍) 早(일찍 조) 寂歷(적력: 적막. 고요하고 쓸쓸함. 지낼 력) 霞彩(하채: 노을빛, 단풍. 노을 하, 채색 채) 婆娑(파사: 나부끼는 모양. 할미 파, 춤출 사) 照(비출 조) 鏡(거울 경) 光(빛 광).

제45영 평원에 깔려 있는 눈 — 平園鋪雪(평원포설)

산 구름의 어두움을 깨닫지 못하다가 — 不覺山雲暗(불각산운암)
창문 열어보니 눈이 평원에 가득하네. — 開窗雪滿園(개창설만원)
섬돌에도 골고루 흰 눈 멀리까지 깔리니 — 階平鋪遠白(계평포원백)
부귀가 한적한 집안에 이르렀네. — 富貴到閑門(부귀도한문)[157]

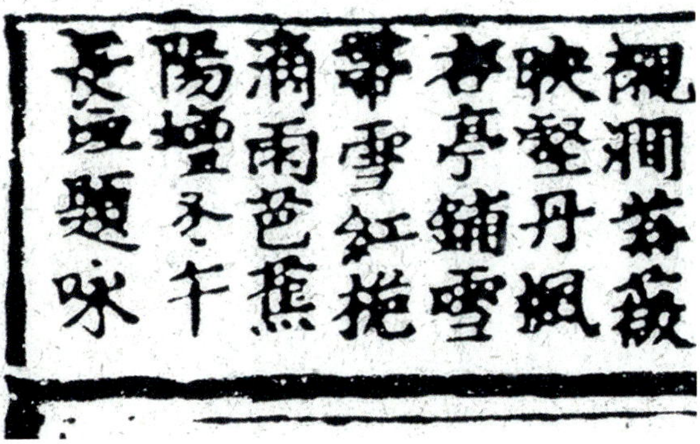

도 45-2. [소쇄원도]의 「행정포설(杏亭鋪雪)」

산의 구름 그림자를 깨닫지 못하다가 어느새 쌓인 동산의 눈을 창문 너머로 바라보며, (쌀 같이) 가득하게 덮인 흰 눈을 부귀가 집안에 이르렀다고 노래하고 있다. 눈 내린 소쇄원의 겨울 풍경이다.

[소쇄원도]에는 「행정포설(杏亭鋪雪)」이라 적고 있다.(도 45-2)

[논어] '이인'에 이르기를 '부귀는 도(道)로서 얻는다.'[158]고 하였다.

흰 눈은 풍년의 징조라고 한다. 이색(李穡, 1328~1396)의 '납일 전의

157 平(평평할 평) 園(동산 원) 鋪(펼 포) 覺(깨달을 각) 暗(어두울 암) 開(열 개) 窗(창 창) 富(부유할 부) 貴(귀할 귀) 到(이를 도) 門(문 문).

158 論語 里仁, … 子曰 富與貴 是人之所欲也 不以其道得之 不處也 ….

삼백, 이것이 풍년의 조짐이다.'[159], 서거정(徐居正, 1420~1488)의 '풍년의 상서로운 눈은 천연스레 하얗고'[160], 홍재전서(1798)의 '내년에 크게 풍년 들 조짐이 납일(臘日) 이전에 세 번 눈이 내린 것에서 나타났다.'[161] 등 수 많은 문헌에서 노래하고 있다.

---

159 이색, 雪, 목은시고 제6권. … 臘前三白是豐年…, 납일(臘日: 동지 이후 세 번째 술일) 이전에 세 차례 눈(三白)이 내리면 풍년이 든다고 한다. (농가어(農家語))

160 서거정, 次洪應之詩韻。兼呈景醇, 淡叟。五首, 사가시집 제12권 시류(詩類), … 豊年瑞雪天然白 ….

161 歲首勸農教 戊午(새해 초에 농사를 권면하는 하교 무오년(1798)), 홍재전서 제36권, … 必曰來年大有之驗。徵於臘前三白。….

제46영 눈에 덮인 붉은 치자	帶雪紅梔(대설홍치)
일찍이 듣건대 치자 꽃 여섯 잎으로 핀다더니	曾聞花六出(증문화육출)
사람들은 숲에 가득한 향기 말하네.	人道滿林香(인도만림향)
붉은 열매 푸른 잎과 서로 어울리니	絳實交靑葉(강실교청엽)
맑고 고움이 눈서리 속에 있음이라.	淸姸在雪霜(청연재설상)[162]

여섯 잎 꽃, 향기 그리고 붉은 열매와 푸른 잎을 갖춘 치자의 특성을 말하며, 붉은 치자(열매)가 눈서리 속에도 더욱 맑고 곱다고 노래하고 있다.

[소쇄원도]에 표기는 없다.

치자나무(梔, *Gardenia jasminoides* J.Ellis)는 꼭두서니과의 상록활엽관목으로, 육출(六出) 혹은 육출화(六出花) 또는 담복(薝蔔)이라고 한다. 식물 중에는 여섯 꽃잎이 적은데, 치자 꽃잎이 여섯이기 때문에 붙여진 이름이다. 아울러 눈의 별칭도 '육출'이다. [양화소록]에 '치자는 네 가지 아름다움(四美)이 있는데, 꽃빛깔이 희고 기름진 것이 그 하나요, 꽃향기가 맑고 풍부한 것이 그 둘이요, 겨울에 잎이 변하지 않는 것이 그 셋이요, 열매로 노란 빛깔의 물을 들일 수 있는 것이 그 넷이다.'[163]라고 적고 있다.

162 梔(치자나무 치) 曾(일찍 증, 곧) 絳(진홍(眞紅) 강, 진홍색) 實(열매 실) 交(섞일 교, 어울리다) 姸(고울 연, 아름답다).

163 姜希顔 저·이병훈 역(1982), 養花小錄, 을유문고, 81쪽, … 梔子有四美 花色白腴一也 花香淸潤二也 冬不改葉三也 實染黃色四也 ….

제47영 애양단의 겨울 낮

陽壇冬午(양단동오)

애양단 앞 시냇물 아직 얼어 있는데
애양단 위의 눈은 모두 녹았네.
팔 베고 따뜻한 햇별 맞이하니
닭울음소리가 한낮의 다리에 이르네.

壇前溪尚凍(단전계상동)
壇上雪全消(단상설전소)
枕臂延陽景(침비연양경)
鷄聲到午橋(계성도오교)[164]

도 47-1	사진 47-1
	사진 47-2

도 47-1. [소쇄원도]의 「애양단(愛陽壇)」
사진 47-1. 소쇄원의 '애양단' 전경
사진 47-2. 담장의 '애양단' 각자

164 陽(별 양) 壇(단 단) 冬午(동오: 겨울에 맞는 낮. 겨울의 점심 때.) 尙(오히려 상, 여전히) 凍(얼 동) 臂(팔 비) 延(끌 연, 끌어들이다) 陽景(양경: 태양의 빛. 또는 햇볕. 햇볕 경) 鷄聲(계성: 닭울음소리, 한가함. 닭 계) 午橋(오교: 중국 당나라 배도(裵度)가 퇴직하여 오교별장(午橋別莊)인 녹야당(綠野堂)에 있었다.《新唐書 卷173 裵度傳》 한국고전종합DB).

시냇물 언 겨울 낮, 눈 녹은 애양단은 따뜻한 햇볕에 한가함까지 더해지고 있다.

[소쇄원도]에는 긴 담의 끝에 「애양단(愛陽壇)」이라 적고, 그 전면에 수목을 그리고 「동백(冬柏)」이라 적고 있다.(도 47-1) [소쇄원48영]에 '동백'에 관한 내용은 없다.

현재 '애양단'이라는 글씨는 벽면에 있고, 그 전면에 동백나무가 식재되어 있다.(사진 47-1, 사진 47-2)

동백나무(冬柏, *Camellia japonica* L.)는 차나무과의 상록활엽소교목이다.

제48영 긴 담에 써 붙인 소쇄원 제영 長垣題詠(장원제영)

긴 담은 옆으로 백 자나 되니
하나하나 새로운 시 써 붙여 놓았네.
마치 병풍을 벌려 놓은 듯하니
비바람아 업신여김이 되지 마오.

長垣橫百尺(장원횡백척)
一一寫新詩(일일사신시)
有似列屛障(유사열병장)
勿爲風雨欺(물위풍우기)[165]

도 48-1 사진 48-2

도 48-1. [소쇄원도]의 「김하서 장원 사십팔영 수제(金河西長垣四十八詠手題)」
사진 48-2. 소쇄원 입구 담장

165 題詠(제영: 시를 짓고 읊음. 제목 제, 읊을 영) 寫(베낄 사, 옮겨놓다) 屛障(병장: 안팎을 가려 막는 물건. 곧, 담·장지·병풍. 병풍 병, 막을 장) 勿(말 물) 欺(속일 기, 업신여기다).

백 척이나 되는 긴 담에 시를 써 붙여 병풍처럼 벌려 놓았으니 비바람도 보호해 달라고 노래하고 있다.

양천운(1614)은 '백 척의 긴 담장은 세상의 시끄러움과 멀어지게 하였다.'[166]라고 하여, 긴 담장이 세상과의 거리를 차단하고 있다고 말하고 있다. 긴 담장은 세상과의 경계를 이루고 있었음을 알 수 있다.

[소쇄원도]에는 입구 담에 「김하서 장원 사십팔영 수제(金河西長垣四十八詠手題)」라 표기하고 있다.(도 48-1) 즉 '긴 담에 김하서가 직접 쓴 48영'이라는 말로 소쇄원의 입구 담장에 하서 친필 소쇄원48영이 있었음을 알 수 있다.

현재 이 노래에서 말하는 담장 즉 입구에서 애양단에 이르는 담장(도 48-1)에서 소쇄원48영이 펼쳐진 병풍 같은 모습은 볼 수 없다.(사진 48-2) 참고로 소쇄원의 담장은 입구에서 애양단, 애양단에서 원규투류 위의 담장, 그리고 매대의 배경을 이루는 부분에 연속으로 둘러있으며, 제월당 오른쪽·서쪽에서 볼 수 있다.(사진 26-2, 사진 43-1) 돌흙담에 기와를 얹고 있다.

166 양천운(1614), 앞의 글, 소쇄원사실 권지사, 십육, … 長垣百尺, 逈隔世上之喧囂, ….

2) 소쇄원48영과 소쇄원도에 표현된 소쇄원의 구성요소

표 1. 소쇄원의 구성요소

○(복원 포함 유존) ×(없음) △(판단 애매)

구분		소쇄원48영 (1548)	유서석록 (1574)	소쇄원도 (1755)	현존 유무
건물	소정(小亭)	1. 소정빙란	소정	소정	○
	문방(文房)	2. 침계문방	소재(小齋), 화방	광풍각	○
	다리(橋)	9. 투죽위교		투죽위교	○
			약작	약작	○
	오곡문(五曲門)			오곡문	×
				제월당	○
				고암정사	×
				부훤당	×
계곡	전류(展流)	3. 위암전류			○
	광석(廣石)	13. 광석와월		광석	△
	투류(透流)	14. 원규투류	澗水來自舍東闕墻	원규투류	○
	탑암(榻巖)	19. 탑암정좌		탑암	△
	옥추횡금(玉湫橫琴)	20. 옥추횡금		옥추횡금	△
	복류(洑流)	21. 복류전배		빙빙도는 물살	△
	상암(床巖)	22. 상암대기		상암	△
	조담(槽潭)	25. 조담방욕	조담	조담	○
	폭포(瀑)	38. 오음사폭	소폭	폭	△
못	소당(小塘)	6. 소당어영	소지, 연지	소당	○
	고목(刳木)	7. 고목통류	고목	그림	△
	물방아(水碓)	8. 용운수대	수대	수대	×
축대	매대(梅臺)	12. 매대요월		매대	○
	도오(桃塢)	36. 도오춘효		도오	○
	대봉대(待鳳臺)	11. 지대납량		대봉대	○
오암(鼇巖)		4. 부산오암		오암	△
가산(假山)		16. 가산초수		석가산	×
긴담(長垣)		48. 장원제영		김하서 장원 사십팔영 수제	△
각자		47. 양단동오		애양단	애양단
					소쇄원
					오곡문
					소쇄처사 양공지려

3) 소쇄원48영과 소쇄원도에 표현된 소쇄원의 식물

표 2. 소쇄원의 식물

○(복원 포함 현존) ×(없음) △(판단 애매)

수종	구분	소쇄원48영 (1548)	소쇄원도 (1755)	현존유무
대나무	透竹	9. 투죽위교	투죽위교	○
	千竿	10. 천간풍향	천간	×
	竹	11. 대염 대나무		△
	脩篁	29. 협로수황	협로수황	×
	竹根	30. 병석죽근		△
	叢筠	32. 총균모조	총균	○
매화나무	梅	12. 매대요월	매대	○
	孤梅	28. 석부고매		△
살구나무	杏	15. 행음곡류	행음	○
회화나무	槐	24. 의수괴석	괴석	△
소나무	松石	17. 송석천성		△
	雙松	26. 단교쌍송		×
	松菊	27. 산애송국		×
	臥松		와송	×
이끼	蒼蘚	18. 편석창선		○
국화	松菊	27. 산애송국		×
창포	菖蒲	34. 격단창포		×
사계화	四季	35. 사첨사계		×
복사나무	桃塢	36. 도오춘효	도오	○
오동나무	桐臺	37. 동대하음	동	○
	梧陰	38. 오음사폭		×
버드나무	柳汀	39. 유정영객	유정	○
연꽃	芙蕖	40. 격간부거		×
순채	蓴芽	41. 산지순아	산지순아	×
자미	紫薇	42. 츤간자미	자미	○
파초	芭蕉	43. 적우파초	파초	×
단풍나무	丹楓	44. 영학단풍	풍	○
치자나무	紅梔	46. 대설홍치		×
난	蘭		난	△
측백	側柏		그림	△
동백	冬柏		동백	○
21		21	15	11

3. 관련 전거(典據)와 기타

1) 도화원기 병시(桃花源記 并詩), 406년

_오류선생(五柳先生) 도잠(陶潛, 365~427)

진나라(265~420) 태원연간(376~395)에 한 무릉 사람이 고기잡이를 생업으로 살았는데, (어느 날) 개울을 따라 가다가 길의 멀고 가까운 것을 잊어버렸다. (그러다) 문득 복사 꽃 숲을 만나게 되었는데 강 양쪽 언덕을 끼고 수 백보 안(숲)에는 잡목이 없고, 향기로운 풀들이 신선하고 아름다우며, 꽃잎이 떨어져 어지럽게 흩날리고 있었다. 어부는 매우 기이하게 여기며 다시 앞으로 나아가 그 숲의 끝까지 가보고자 하였다

숲은 물이 흘러나오는 곳(水源)에서 끝이 나고, 문득 산 하나를 얻었다. 산에는 작은 입구(동굴)가 있어 마치 빛이 있는 것 같았다. (어부는) 곧 배를 내버려두고, 입구로 따라갔다. 처음에는 매우 좁아서 겨우 한사람이 통과할 정도였지만, 다시 수십 보를 걸어가니 앞이 확 트이며 환하게 밝아졌다. 땅은 평평하고 넓으며, 집들은 가지런하게 지어져 있었고, 기름진 밭과 아름다운 못, 그리고 뽕나무와 대나무 같은 것들이 있었다. 밭 사이로 난 길은 사방으로 통해 있었으며, 닭 울고 개 짖는 소리가 들렸다. 그 가운데를 오가며 농사를 짓는데 남녀의 옷차림이 모두 외부 사람 같았다. 노인과 아이들이 모두 기쁘게 웃으며 스스로 즐거워

하였다.

어부를 보자 이내 크게 놀라며, 어떻게 들어왔는지 물었다. 구체적으로 상세하게 대답을 해 주자 곧 집으로 데리고 가서 (돌아가기를 요구하고), 술을 차리고 닭을 잡아 음식을 내어왔다. 마을에 이러한 사람이 있다는 말을 듣고, 모두 찾아와서 물었다.

스스로 말하기를, 선조들이 진나라(秦) 때의 난리를 피해 아내와 자식 그리고 마을 사람들을 이끌고 이 멀리 떨어져 있는 땅에 왔는데, 다시 밖으로 나가지 않아, 마침내 바깥세상 사람들과 떨어져 살게 되었다고 하였다. (그러면서) 지금이 어느 시대냐고 물었는데, 위나라(魏)와 진나라(晉)는 말할 것도 없고 한나라가 있음도 알지 못했다. 이 사람(어부)이 하나하나 들어서 알고 있는 것을 자세히 말해주니 모두들 놀라워하며 한탄하였다. 나머지 사람들도 각각 교대로 돌아가며 그를 집으로 초대해 모두 술과 밥을 차려 대접하였다. (그렇게) 며칠을 머물고 작별하고 떠나가려는데 마을 사람들 가운데 한 사람이 말하기를, '바깥세상 사람들에게는 알리지 말아 달라.'고 하였다.

이윽고 밖으로 나온 어부는 그 배를 만났다. 곧 붙들어 찾아 타고 향하여 가는 길에 지나는 곳곳에 표시를 해 두었다. (어부는) 고을 안에 이르러 태수를 만나 뵙고는 겪은 일에 대해 모두 이야기 하였다. 태수는 곧 사람을 파견하여 (어부를) 따라가도록 하였는데, 표시해 둔대로 향하여 찾아 갔지만, 끝내 길을 잃고 다시는 길을 찾지 못했다.

남양의 유자기는 고상한 선비인데, 이 이야기를 듣고 기쁘고 반가워 가보려 하였으나, 마침내 찾지 못하고 병이 들어 죽고 말았다. 그 이후로는 드디어 나루를 묻는 자가 없었다. (하략)

(晉太元中, 武陵人捕魚為業。緣溪行, 忘路之遠近。忽逢桃花林, 夾岸數百步, 中無雜樹, 芳草鮮美, 落英繽紛。漁人甚異之。復前行, 欲窮其林。林盡水源，便得一山。山有小口，彷彿若有光，便舍船，從口入。初極狹，纔通人。復行數十步，豁然開朗。土地平曠，屋舍儼然，有良田美池桑竹之屬。阡陌交通，雞犬相聞。其中往來種作，男女衣著，悉如外人；黃髮垂髫，並怡然自樂。見漁人，乃大驚。問所從來，具答之。便要還家，設酒殺雞作食。村中聞有此人，咸來問訊。自云先世避秦時亂，率妻子邑人來此絕境，不復出焉，遂與外人間隔。問今是何世，乃不知有漢，無論魏晉。此人一一為具言所聞，皆嘆惋。餘人各復延至其家，皆出酒食。停數日，辭去。此中人語雲 不足為外人道也。既出，得其船，便扶向路，處處誌之。及郡下，詣太守，說如此。太守即遣人隨其往，尋向所誌，遂迷，不復得路。南陽劉子驥，高尚士也，聞之，欣然規往。未果，尋病終。後遂無問津者。…)[167]

2) 애련설(愛蓮說)

_염계(濂溪) 주돈이(周敦頤, 1017~1073)

물과 뭍의 풀과 나무의 꽃은 사랑할만한 것이 대단히 많으니, 진나라의 도연명은 홀로 국화를 사랑하였고, 이씨의 당나라 이래로 세상 사람들이 모란을 매우 사랑하였으되, 나는 유독 연(蓮)이, 진흙에서 나왔으면서도 (더러움에) 오염되지 아니하고, 맑고 잔잔한 물결에 씻기어도 요염하지 아니하고, 가운데는 통하고 밖은 곧으며, 덩굴 뻗지 않고 가지도 치지 않고, 향기는 멀수록 더욱 맑고, 우뚝하고 깨끗하게 서 있으며, 멀리서 바라볼 수는 있으나 함부로 가지고 놀 수는 없음(을 사랑함)이라. 나는 생각하기를, 국화는 꽃 중의 은일한 것이요, 모란은 꽃 중의 부귀한 것이요, 연은 꽃 중의 군자라. 아! 국화를 사랑함은 도연명 후에 거의 듣지 못함이오, 연을 사랑함을 나와 같이 할 사람은 누구인가? 모란을 사랑함은 의당히 많을 것이다.

---

167 陶淵明, 桃花源記, 陶淵明集 卷五 ; 幸田露伴 교열, 漆山又四郎 역주(1942), 陶淵明集, 東京: 岩波書店, 191~196쪽.

(水陸草木之花, 可愛者甚蕃 晉陶淵明獨愛菊. 自李唐來 世人甚愛牡丹. 予獨愛蓮之 出於淤泥而不染 濯清漣而不夭 中通外直 不蔓不枝 香遠益清 亭亭淨植 可遠觀而不可褻翫焉. 予謂菊, 花之隱逸者也. 牡丹, 花之富貴者也. 蓮, 花之君子者也. 噫, 菊之愛 陶後鮮有聞. 蓮之愛 同予者何人. 牡丹之愛 宜乎衆矣.)[168]

3) 구절포가(九節蒲歌)

_하서(河西) 김인후(金麟厚, 1510~1560)

푸른 산의 수석이 있는 그윽한 곳에는

靑山水石幽絶處(청산수석유절처)

그 사이에서 신령한 싹이 난다고 들은 지 오래되었네.

久聞靈苗生其間(구문령묘생기간)

기개 높은 명아주(藜)를 한총 곁에 심어

軒然植藜傍寒叢(헌연식려방한총)

빽빽하고 빼어남 맑은 물굽이에 적시었네.

蕭森爽秀涵淸灣(소삼상수함청만)

더운 구름 젖은 이슬 배부르게 하여 가볍게 여의니

蒸雲浥露飽輕瘦(증운읍로포경수)

조화의 정이 엉기어 귀신도 아끼네(감추네).

造化凝精鬼神慳(조화응정귀신간)

뿌리줄기 꿈틀거리고 구불구불하여 규룡이 서려있고

根莖蜿蜒蟠虬龍(근경완연반규룡)

모여 있는 잎사귀는 얼음 서리 얼굴이라.

蔥蘢葉帶氷霜顔(총롱엽대빙상안)

---

168 주돈이, 愛蓮說, 고문진보후집 권지십.

나는 이것을 캐어 보내고 싶은데

我欲採之以有贈(아욕채지이유증)

도둑질하다 신선에게 죄 얻을까 두렵네.

竊恐得罪於仙班(절공득죄어선반)

종일 어루만지며 두어도 얻을 수 없어

摩挲終日置不得(마사종일치부득)

모든 일 다 버리고 어수선한 세상 벗어나네.

便將脫略遺塵寰(편장탈략유진환)

몸을 도약하여 옥황상제께 절을 올리니

騰身上拜玉皇帝(등신상배옥황제)

하패(霞佩)[169]는 빛나(찬란하여) 결환(玦環)[170]에 잇다았네.

霞佩珊珊聯玦環(하패산산련결환)

상제의 명으로 이 동부에 옮겨 심은 것을 뽑아

帝命擢此洞府蒔(제명탁차동부시)

세상 모든 사람을 오래 살게 하고, 고생스럽고 가난함을 없애리라.

往壽蒼生無苦艱(왕수창생무고간)

소신은 머리 조아려 기쁨으로 조서를 받들어

小臣稽首欣奉勅(소신계수흔봉칙)

옥첩[171]과 금장을 모든 산에 널리 퍼뜨리니

玉牒金章頒衆山(옥첩금장반중산)

---

169 하패(霞佩): 신선(神仙)이 차는 옥(패물: 장식)을 말하는데, 전하여 패옥을 고상하게 이르는 말이다.

170 결환(玦環)은 결(玦)과 환(環)이 모두 패옥인데, 환은 둥근 고리 모양을 한 옥이고 결은 고리의 한 부분이 이지러진 모양을 한 옥이다. 고대에 죄를 지은 신하를 3년 동안 변방에 방축해 두었다가 다시 조정으로 소환할 경우에는 환을 보내 주고, 그대로 외지에 둘 경우에는 절연(絶緣)의 뜻으로 결을 보냈다고 한다.《荀子 大略》.

171 玉牒(옥첩, 황실의 계보. 하늘에 제사지낼 때 제문을 쓴 문서. 귀한 책이라는 뜻으로, '역사책'을 달리 이르는 말, 서찰첩).

산신령 이 시간부터 감히 숨겨두지 못해

山靈從此不敢秘(산령종차불감비)

붉은 구름 빗장을 열어 소매 가득 건강하게 함이라.

滿袖快闢紅雲關(만수쾌벽홍운관)

뿌리 옮겨 안고 나가 임금님께 바치니

移根擁出獻君王(이근옹출헌군왕)

옥 섬돌 위에 심고 근심과 아픔을 고르게 함을 허락하네.

許種玉墀均惸鰥(허종옥지균경환)

백성이 어찌 임금의 힘입음을 알아서

赤子豈知蒙帝力(적자기지몽제력)

먹고 나면 사리에 어둡고 완고함이 사라져서 갑자기 깨닫게 됨이라.

服之頓覺開冥頑(복지돈각개명완)

정신이 맑고 기운이 뚫려(열려) 기골이 튼튼하여

神清氣豁肌骨健(신청기활기골건)

늙은 사람 젊어지고 성급한 사람 한가해 지네.

老者還稚躁者閒(노자환치조자한)

개와 닭이 일변에 도달함을 좇아서 볼 수 있으니

從看鷄犬到日邊(종간계견도일변)

누가 말하였나, 오래 사는 것을 더위잡아 오르기 어렵다고.

孰云壽域難躋攀(숙운수역난제반)[172]

172 김인후, 九節蒲歌, 河西先生全集 卷之四, 七言古詩. ; 筆巖書院(1993), 앞의 책 상, 529~531쪽.

4) 유서석록(遊瑞石錄), 1574년

_제봉(霽峰) 고경명(高敬命, 1538~1592)

(전략)

(23일) 포시(晡時)[173]에 소쇄원에 다다랐다. 이는 양산인 산보의 구업(舊業)이다. 계곡물이 집의 동쪽 담장으로부터 와서 물소리를 내며 꿰뚫고 흘러 뜰아래로 감돈다. 그 위에는 한 개의 통나무로 만든 외나무다리(略彴: 약작)가 놓여 있고, 약작 아래에 있는 바위 위에 스스로 이루어진 빈 절구가 있는데, '조담(槽潭)'이라고 불렀다. (그 물이) 쏟아 내리니 작은 폭포가 되었으며, (폭포수 떨어지는)그 소리가 영롱하여 거문고 소리 같았다. 조담 위에 노송이 누어있는 것 같이 서리고 엉클어져, 마치 조담 표면을 가로질러 지나가는 것 같았다. 작은 폭포의 서쪽에 작은 재(小齋)가 있는데, 완연히 화방과 같았다. 그 화방의 남쪽에는 돌을 높게 쌓아 조그만 정자(小亭)를 이루었는데, 그 형상이 일산을 벌여놓은 것 같으며, 처마를 마주대하고 벽오동이 있는데 매우 오래되어 가지가 반쯤 썩어 있었다. 정자 아래에 조그만 못(小池)을 파고, 나무를 판 홈통(刳木)으로 산골짜기의 물을 끌어다 대었으며, 못 서쪽에는 거대하고 빼어난 대나무 백 여 그루가 옥과 같이 훌륭하게 서 있어 감상할 만하다.

대나무 서쪽에는 연지(蓮池)가 있는데, 돌로 쌓고 시냇물을 끌어들여 꾸며 작은 못(小池)을 이루었다. 죽림 아래를 경유하여 연지의 북쪽을 지나니 또 수대 한 채가 있다. 보는 것 모두가 맑고 깨끗한 일 아님이 없다. 하서의 40영에 그것을 모두 보이고 있다.

주인 양자정(梁子渟, 1527~1597, 양산보의 3남)군이 선생을 위하여

173 포시(晡時, 하루를 스물네 시간으로 나눈 이십사시의 열일곱째 시간. 오후 5시. 신시 포(신시: 십이시의 아홉째 시. 이십사시의 열일곱째 시).

주연을 베풀었다. (하략) …

(晡時投瀟灑園。乃梁山人山甫。舊業也。澗水來自舍東閼墻。通流濊濊。循除下。上有'略彴'。略彴之下。石上自成科臼。號曰'槽潭'。瀉爲小瀑。玲瓏如琴筑聲。槽潭之上。老松盤屈如偃。蓋横過潭面。小瀑之西有小齋。宛如畫舫。其南累石高之。翼以小亭形如張傘。當簷有碧梧甚古。枝半朽。亭下鑿小池。刳木引澗水注之。池西有鉅竹百挺。玉立可賞。竹西有蓮池。甃以石引。小池。由竹下過蓮池之北。又有水碓一區。所見無非瀟灑物事。而河西四十詠盡之矣。主人梁君子渟。爲先生置酒。…)[174]

5) 소쇄원 계당 중수 상량문(瀟灑園溪堂重修上樑文), 1614년

침계문방 또는 광풍각이 만력 정유년(1597)에 전쟁으로 인한 화재로 불탔으므로 갑인년(1614) 4월에 다시 지었다.

_영주(瀛洲) 양천운(梁千運, 1568~1637)

명양현의 남쪽 서석산(무등산)의 북쪽에 켜켜이 둘러싸인 산들은 그 형세가 마치 반곡(盤谷)[175]의 그윽함과 같았고, 흐르는 물은 차갑고 맑으며, 경치는 무이산의 뛰어난 경치와 같았다. 나의 할아버지 처사공께서 돌을 쌓아 오목하게 만들며 흙을 다져 담장을 만들고 제월(霽月)이란 높은 당을 짓고 동산의 뛰어난 경치에 앉아 술을 마시며, 광풍(光風)

174 고경명(1574), 유서석록, http://gjsgcc.or.kr/ko/36/view?SEQ=1451&page=2 ; 양재영(1995), 소쇄원시선, 광명문화사, 117~118쪽.

175 반곡(盤谷)은 태항산(太行山) 남쪽에 있는 지명으로, 이곳은 골짜기가 깊고 산세가 험준해서 은자(隱者)가 살기에 알맞은 곳이라고 하는데, 당(唐)나라 때 이원(李愿)이 일찍이 벼슬을 사직하고 물러가 이곳에 은거할 적에 한유(韓愈)가 그를 송별하는 뜻으로 송이원귀반곡서(送李愿歸盤谷序)를 지어 그곳의 경관과 부귀공명의 무상함 등을 자세히 설파하여 그를 극구 칭찬했었다.

이란 작은 집을 짓고 그곳에 기대어 암반 위에 흐르는 차가운 물을 가까이하였다.

이에 봉황을 기다리는 대를 축조하고, 또한 관덕사가 있는데 계단을 따라서 매화나무와 혹은 단풍나무를 심었다. 절벽 마루를 가로질러 행랑채(廊: 사랑채)를 지었는데 당도 있고 실도 있었다. 한벽산 아래에는 다리에 기댄 짙푸른 소나무가 있고, 애양단 앞에는 섬돌을 감아 돌아 졸졸 흐르는 물이 있었다. 창암명동에 석가산이 있는데 사면에 시를 지어 새겨 글자마다 깊은 뜻이 숨어 있었다.

샘물이 대나무 사이로 흐르는데 그 물이 상하의 연못으로 흘러들었고, 좁은 돌길에 얽힌 등나무는 사람들의 출입하는 문과 통하였다. 연기는 솔 고개에 가로 놓여 눈앞에서 긴 병풍이 되었고, 구름은 고산에 머물러 배후에서 짧은 장막이 되었으니, 신선이 산다는 봉래산이 어디에 있겠는가? 무릉도원이 바로 여기에 있도다.

거문고를 연주하며 외로이 읊고 맑은 샘물에 씻어 저절로 깨끗해지며, 대나무를 심으니 성긴 그림자 베풀어 주어 가을밤에 더욱 청완(淸翫)[176]하고, 오동나무 심으니 녹음이 깊어 여름날에 푸른 우산을 펼치며, 백 척의 긴 담장은 세상의 떠들썩함과 사이를 두어 멀어지게 하였다. 막걸리 석 잔으로 호중(壺中)[177]의 세월 보내니, 별천지요, 인간 세상이 아니더라.

---

176 청완(淸翫)은 청아(淸雅)한 완상품(翫賞品)이란 뜻으로, 흔히 서화(書畫), 금석(金石), 고기(古器) 등의 완상품을 말한다.

177 갈홍 저·김장환역(2010), 신선전, 호공, 지만지 고전선집, 133~141쪽. 호중은 호중천지(壺中天地)의 고사에서 온 말이다. 후한(後漢) 때 시장에서 약을 파는 한 노인이 자기 점포 머리에 병 하나를 걸어 놓고 있다가 장사가 끝나면 매번 그 병 속으로 뛰어 들어 가곤 했다. 그때 비장방(費長房)이 이 사실을 알고는 노인에게 가서 재배하고 노인을 따라 병 속에 들어가 보니, 옥당(玉堂)이 화려할 뿐만 아니라 좋은 술과 맛있는 안주가 그득하여 함께 술을 실컷 마시고 돌아왔다고 한다.

이에 주인이 곧 김공(하서 김인후)과 함께 함양하며 깊이 연구하고 서성거리며(盤桓[178]) 서로 시를 주고받았다. 정원에 복사나무가 있어 복숭아를 안주 삼으니 대저 또한 고반(考槃)[179]의 즐거움이 언덕에 있음을 생각하지 않고, 오래도록 알리지 않기를 맹세하였다.

허술한 대문 집 아래에서 여유롭게 지내며, 애오라지 가난한 생활을 즐기고 밭이랑 사이를 거드럭거리며 스스로 기뻐하였다. 뽕을 따는 사람들은 한가로이 술잔을 당겨 자작하며, 적막한 물가를 소요하고, 자제들의 손을 잡고 근심을 잊고, 의리의 심오한 이치를 익히고 닦으니, 초목 하나하나가 어찌 품평하는 시를 벗어날 것이며, 어떤 물과 어떤 언덕이라도 낚시하고 헤엄치는 곳이 아님이 없었다.

무슨 뜻으로 하늘이 뒤집히고 땅이 뒤엎어져 마침내 집이 불타고 기초가 무너졌는가? (하략)

(瀟灑園溪堂重修上樑文
即枕溪文房又光風閣 萬曆丁酉 爲兵燹所焚 甲寅四月重修

_瀛洲 梁千運

鳴陽縣南, 瑞石山北, 層巒繚繞, 勢如盤谷之幽, 流水寒淸, 景同武夷之勝。王父處士公, 積石爲坳, 築土爲墻, 搆霽月之高堂, 坐飮園中之勝槪, 結光風之小檻, 憑狎石上之寒流。

爰築待鳳之臺, 亦有觀德之榭, 緣階除而種樹, 或梅或楓。架崖广而開廊, 有堂有室。寒碧山下, 蒼蒼倚橋之松, 愛陽壇前, 滮滮循除之水。蒼巖名洞, 石假有山, 面面題詩, 字字寓意。

---

178 도연명, 歸去來辭, 고문진보후집 권지일, … 해는 어둑어둑 곧 지려 하는데, 외로운 소나무 어루만지며 서성거리네.(景翳翳以將入 撫孤松而盤桓) ….

179 고반(考槃)은 시경(詩經) 위풍(衛風) 편명. 은거해서 살면서 특별하게 일삼는 것이 없이 한가롭게 산다는 뜻이다.

泉源走竹，水注上下之池，石逕緣藤，人通出入之戶。烟橫釜嶺，作長屛於眼前，雲盡鼓山，供短障於背後。蓬萊何處，桃源在斯。
奏枯桐而孤吟，濯清泉而自潔，種竹分疎影，增清翫於秋宵，栽梧長綠陰，展翠傘於夏日，長垣百尺，逈隔世上之喧囂，濁醪三盃，消遣壺中之歲月，別有天地，非是人間。
主人於是，乃與金公，涵養優游，盤桓酬唱。有園桃而殽實，蓋亦勿思樂考槃之在阿，永矢不告，棲遲衡門下，聊樂泌之洋洋，偃蹇田畝間自喜。桑者泄泄，引壺觴以自酌，逍遙寂寞之濱，携子弟而忘憂，講磨義理之奧，一草一木，那免題品之詩，某水某丘，莫非釣游之所。
何意天翻而地覆，竟致屋燹而基傾。(하략))[180]

6) 소쇄원의 식물(소쇄원48영과 소쇄원도 이외)

[소쇄원48영]과 [소쇄원도]에 표현되어 있지 않지만 초창기의 기록에 보이는 식물

(1) 일본철쭉

소쇄옹이 일본(왜)철쭉을 보내왔으므로 차운하여 사(례)하다.

(次韻 謝瀟灑翁送日本躑躅)[181]

_하서 김인후

해외의 풍류 뛰어난 모습 海外風流絶代姿(해외풍류절대자)
한가한 정원에서 얼마나 오랜 시간 길러 얻었나.
閒園養得幾多時(한원양득기다시)
누가 알겠는가, 종일 내린 실비가 誰知終日絲絲雨(수지종일사사우)

180 양천운(1614), 瀟灑園 溪堂 重修 上樑文, 瀟灑園事實卷之四 十六 - 十八.
181 河西先生全集 卷之六 七言絶句, 한국고전번역원, 영인표점 한국문집총간, 1989.

뿌리 달린 한 가지를 보내주기 위해서인 것을.

爲送連根第一枝(위송련근제일지)

其二

인재가 상림의 꽃을 나누어 얻어 仁齋分得上林花(인재분득상림화)

해외에 널리 퍼진 세월이 몇 해나 되었는가.

海外流傳歲幾何(해외류전세기하)

한양의 침류당 안에서 보았는데 漢上枕流堂裡見(한상침류당리견)

좋은 바람이 불어 한 뿌리를 보내왔네.

好風吹送一根過(호풍취송일근과)

하서 김인후가 소쇄옹이 보낸 일본철쭉에 대하여 감사의 마음을 적은 것이다. 일본철쭉은 세종23년(1441) 봄에 일본에서 두어 분을 진상해 온 것을 궁궐에서 심어 키웠는데, 임금의 친척이었던 인재 강희안(1419~1464)도 얻어 키우는데 성공하였다[182]고 한다. 이로 인하여 일본철쭉은 민간에 널리 알려진 모양이다.

일본철쭉의 소쇄원으로의 유입 경로는 상세하지 않으나, 위 시에서 보면 소쇄원에서 길러진 일본철쭉이 하서에게 선물로 보내지고 있음을 알 수 있다.

일본철쭉(日本躑躅, *Rhododendron indicum* SWEET)은 진달래과 반상록성관목으로, 영산홍, 연산홍이라고도 한다.

(2) 화분에 심은 대나무·분죽(盆竹)

하서의 '소쇄원 문방에 머물며'의 주에 '베개 맡에 분죽(盆竹)이 있어 촛불 그림자에 한들한들한 숲을 이루었으니 매우 기쁘다.'[183]라고 적고

182 강희안, 앞의 책, 日本躑躅花, 96~98쪽.

183 김인후, 宿瀟灑園文房, 河西先生全集 卷之五 / '枕邊有盆竹 燭影婆娑 便成一林 深

있다. 소쇄원의 그 많은 대나무 외에도 또 화분에 대나무를 심어 몸 가까이 두고 있다. 지독한 대나무 사랑을 볼 수 있다. '대나무 없으면 사람 속되게 한다.'는 다음 시가 있다.

녹균헌(綠筠軒)

_소동파(蘇東坡, 1036~1101)

밥 먹을 때에 고기 없을지언정 可使食無肉(가사식무육)
사는 곳에 대나무 없을 수 없음이라. 不可居無竹(불가거무죽)
고기가 없으면 사람 여위게 하고 無肉令人瘦(무육령인수)
대나무가 없으면 사람 속되게 하네. 無竹令人俗(무죽령인속)
사람의 여윔은 살찌게 할 수 있으나 人瘦尚可肥(인수상가비)
선비의 속됨은 고칠 수 없음이라. 士俗不可醫(사속불가의)
옆 사람은 이 말 비웃기를 傍人笑此言(방인소차언)
고상한 것 같으나 도리어 어리석은 것 같다 하네. 似高還似癡(사고환사치)
만약 차군(此君)[184] 대하고서 고기 실컷 먹을 수 있다면 若對此君仍大嚼(약대차군잉대작)
세간에 어찌 양주학이 있겠는가. 世間那有揚州鶴(세간나유양주학)

소동파가 지은 시로, 주에 '오잠이라는 승려의 집에 헌이 있으니 그 이름이 '녹균헌'이다. 동파노인(東坡老人)이 그를 위하여 이 시를 지었다.'[185]라고 적고 있다. 녹균헌(綠筠軒) 이란 푸른 대나무가 있는 헌(방)

可喜也.'

184 왕자유(王子猷: 왕휘지(王徽之))가 일찍이 빈집에 붙여 살 적에 곧 대나무를 심게 하고 말하기를 '어찌 단 하루라도 차군이 없을 수 있겠는가.' 하였다. 이후로 차군(此君)은 대나무의 별칭이 되었다.

185 蘇軾, 綠筠軒, 고문진보전집 권지이, 於潛僧有軒 名綠筠 坡老爲賦此詩.

을 말하는 것으로, 누구나 찾는 세속의 부귀영화 보다는 대나무 같은 고결한 선비가 되고자 함을 나타낸 것으로 생각된다. 선비들이 대나무를 가까이하는 이유 중의 하나이다.

(3) 등나무(藤)

[소쇄원계당 중수 상량문]에 '… 샘물이 대나무 사이로 흐르는데 그 물이 상하의 연못으로 흘러들었고, 좁은 돌길에 얽힌 등나무는 사람들의 출입하는 문과 통하였다. …'[186]라는 구절이 있는 것으로 보아, 소쇄원의 상하지와 출입문 사이의 어느 곳에 등나무가 있었던 것 같다. 현재는 없다.

186 양천운(1614), 앞의 글, 瀟灑園事實 卷之四 十六, … 泉源走竹, 水注上下之池, 石逕緣藤, 人通出入之戶。….

인용 및 참고문헌

1. 단행본

갈홍 저·김장환 역(2010), 신선전, 지만지 고전선집.

강희안 저·이병훈 역(1982), 양화소록, 을유문고.

김덕진(2007), 소쇄원사람들, 다홀미디어.

金哲煥(1987), 漢韓大字典, 민중서림.

명문당편집부 교열(2003), 古文眞寶集 前後集合本, 명문당.

문화공보부 문화재관리국(1983), 담양 소쇄원 보존 정비계획 및 설계, 한국조경학회.

민중서림 편집국 편(2011), 漢韓大字典, 민중서림.

소쇄원사실, 가사문학관소장.

신동준 지음(2009), 열자론, 인간사랑.

양재영(1995), 소쇄원시선, 광명문화사.

정동오(1986), 한국의 정원, 민음사.

______(1988), 전남의 조경문화, 전남대학교출판부.

지재희·이준영 해석(2002), 周禮, 자유문고.

최형주·이준영 편저(2001), 이아주소, 자유문고.

筆巖書院(1993), 河西全集 上·中·下, 全南大學校出版部.

幸田露伴 교열, 漆山又四郎 역주(1942), 陶淵明集, 東京: 岩波書店.

2. 논문

權洙用(2005), 『瀟灑園事實』을 통한 瀟灑園研究, 전남대학교 석사학위 논문.

김덕진(2009), 『소쇄원사실』 발간과 그 의의, 호남사학회 역사학 연구, 35, 77~78쪽.

金眞成(2009), 瀟灑園の空間構成と変遷に関する研究, 日本庭園學會 20, 21~32쪽.

尹国炳(1985), 高麗時代의 庭園用語에 관한 연구, 韓国庭園学会誌 1(1), 28~40쪽.

장익식(2014), 소쇄원 오곡문 담장 구조형태 해석에 관한 연구 - 담장 축석(築石)을 중심으로 -, 상명대학교 대학원 박사학위논문.

정동오(1973), 양산보의 소쇄원에 대하여, 한국조경학회지, 1(2), 27~33쪽.

______(1977), 소쇄원의 조경식물, 호남문화연구, 135~155쪽.

______(1992), 소쇄원 四十八詠에 대한 조경사적 측면의 연구, 전남문화재 제5집, 199~223쪽.

한영성(2004), [역주]소쇄원사십팔영, 온지론총 11집, 305~332쪽.

홍형순(2013), 전통정원에서 '오동(梧桐)'의 수종, 식재 위치와 경관적 활용, 한국전통조경학회지 31(2), 20~30쪽.

3. 인터넷

http://db.cyberseodang.or.kr/ 동양고전 동양고전종합DB

http://db.history.go.kr/ 국사편찬위원회 한국사데이타베이스

https://db.itkc.or.kr/ 한국고전번역원 한국고전종합DB

http://gjsgcc.or.kr/ko/36/view?SEQ=1451&page=2/ 광주광역시 서구문화원 빛고을문화

http://www.grudesign.com/b/b.php?b=48/ 담양 대나무 품종원

https://namu.wiki/ 나무위키: 대문

https://www.nature.go.kr/ 국가생물종지식정보시스템

찾아보기

ㅇ